건드리지 마! 젠더 갈등

십대톡톡_08

건드리지 마! 젠더 갈등

펴낸날 초판 1쇄 2025년 9월 3일

글 정정희 | 그림 불키드
편집 이정아 | **디자인** 캠프 | **홍보마케팅** 이귀애 이민정 | **관리** 최지은 강민정
펴낸이 최진 | **펴낸곳** 천개의바람 | **등록** 제406-2011-000013호
주소 서울시 영등포구 양평로 157, 1406호
전화 02-6953-5243(영업), 070-4837-0995(편집) | **팩스** 031-622-9413

© 정정희, 2025 | ISBN 979-11-6573-680-4 43300

십대
톡톡
08

건드리지 마!

젠더
갈등

정정희 글
불키드 그림

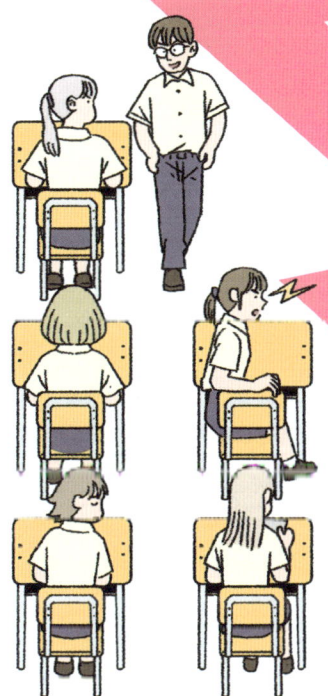

천개의바람

젠더, 종교, 정치. 인간 관계를 잘 유지하기 위해서 이 세 가지 주제에 대해서는 절대 꺼내지 말라는 말이 있어. 우스갯소리처럼 하는 말일 수도 있지만, 그만큼 우리 사회에서 갈등이 첨예한 주제라는 뜻이겠지.

우리 청소년들에게는 특히 젠더 문제가 그런 것 같아. 이런 주제일수록 말을 꺼냈다가 본전도 건지기 힘들다는 생각이 먼저 들어. 어느 쪽 편을 들더라도 욕을 먹을 수 있는 주제이기도 하고, 어느 쪽의 주장이 맞다고 딱 정리하기도 힘든 주제거든. 같은 주장을 하는 사람들이라고 해도 그 정도의 차이가 너무 크기도 하고 말이야.

요즘에 와서 사회 문제가 되고 있는 젠더 갈등은 예전에 없던 문제가 갑작스럽게 생겨난 게 아니야. 인류가 생겨나면서부터 계속 있었던 문제지만 누군가는 그저 당연하게 여기고 있었기 때문에, 또 누군가는 문제를 일으키기 싫어서 쉬쉬했을 뿐이지. 그런데 언제부터인가 누군가 목소리를 내기 시작하면서 우리 사회가 시끄러워진 거야. 그렇다고 해서 말을 꺼낸 사람을 유난스럽다고 비난할 수는 없지 않겠어?

문제가 있는데도 논의를 피하려고만 하면 나아질 수 있는 것은 아무것도 없어. 말하지 않고 있으면 오해만 쌓이는 법이니까 말이야. 서로 다른 생각들을 자꾸 이야기하다 보면 언젠가는 서로의 생각에 조금은 맞닿을 수 있지 않을까?

세상에 변하지 않는 정의는 없어. 젠더에 대한 우리 인식도 마찬가지일 거야. 당연히 내 생각이 옳다고 우기고 싶지도 않아. 그저 나와 다른 다양한 생각들을 이해하고 존중하려는 태도가 필요할 뿐이라고 말하고 싶어. 그리고 그런 다양한 생각들에 귀를 좀 열어두자는 거야.

다만 그 어떤 주장을 하든 한 가지 약속만큼은 지켜주었으면 해. 바로 그 어떤 주장이든 상대에 대한 존중과 배려를 바탕으로 해야 한다는 거야. 일방적으로 자기주장만 하고 나와 생각이 다르다고 상대를 비하하거나 조롱해서는 안 되겠지? 우리 모두는 하나의 젠더로서 자신만의 정체성을 가지고 살고 있고, 또 그것이 어떤 것이 되었든 그 자체로 존중받을 권리가 있으니까 말이야.

차례

머리말 • 004

1
파국으로 치닫는
젠더 전쟁

젠더 갈등으로 세계 1위 • 011

젠더 갈등을 넘어 젠더 전쟁으로 • 015

'바비'도 울게 한 한국의 젠더 갈등 • 019

불편한 물음, '너 페미니?' • 025
톡톡 플러스 당신은 페미니스트인가? • 032

학교, 젠더 갈등의 최전방 • 034

한남충 vs 된장녀 • 043

페미는 못생겼어! • 051
톡톡 플러스 가부장제와 호주제 • 061

왜 남자만 군대 가나요? • 063

여성 할당제는 남성에 대한 역차별? • 069
톡톡 플러스 페미니즘의 갈래 • 075

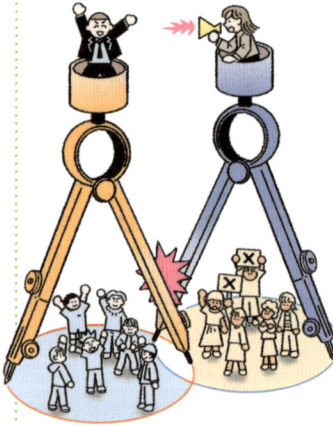

3
젠더 갈등을 둘러싼 오해와 진실

성인지 감수성 기르기 • 143

성인지 예산 35조 설 • 148

돌아온 금메달,
돌아온 남아 선호 사상 • 153

알파걸은 어떻게 세상을 바꿀까? • 159

젠더 프리, 젠더를 넘어 나답게! • 168

출처 및 참고 자료 • 176

2
'여자'라는 이름으로, '남자'라는 이름으로

성차별의 역사 • 081

디폴트는 언제나 '남성' • 088

바깥양반과 안사람은 아직도 안녕하신지? • 097

독독 플러스 남자가 여자보다 코가 큰 이유는? • 105

모성애가 부성애보다 강하다고? • 108

미러링, 눈에는 눈 혐오엔 혐오 • 112

백래시, 안티 페미니즘의 그늘 • 117

강남역 살인 사건과 데이트 폭력, 끝나지 않는 비극 • 123

남자에게 강요되는 굴레, 맨박스 • 129

파국으로 치닫는
젠더 전쟁

젠더 갈등으로 세계 1위

여성가족부 폐지!

너희는 이 일곱 글자에 대해 어떻게 생각해? 2022년 대통령 선거 공약이었던 이 일곱 글자를 두고, 남녀 사이에 반응이 극명하게 갈렸어. 오늘날 새로운 센더 감별법이라고 해도 지나치지 않을 정도로 말이야.

여성가족부 폐지를 주장하는 사람들은 말했어.

"우리 사회는 실질직 양성평등이 이루어졌기 때문에 여성

가족부는 그 역할을 다한 부서야."

반면에 여성가족부 유지를 주장하는 사람들은 말했지.

"아직까지 우리나라 성차별은 심각한 수준이야."

이런 논란 때문일까? 많은 사람이 여성가족부를 단순히 여성의 권익만 보호하는 부서라고 생각하는 것 같아. 하지만, 여성가족부는 실질적으로 가족, 청소년 문제 등 우리 사회에서 다양한 문제를 맡고 있어. 그런 여성가족부가 어쩌다가 '페미니즘'의 상징이 되어버린 걸까?

여성 분야 업무는 1988년 정무장관 제2실에서 처음 시작되었어. 이후 1998년, 여성 특별 위원회를 거쳐 2001년에 공식적인 정부 부처인 '여성부'가 출범했어. 여성의 권익 보호에 대한 사회적 요구가 커지면서 생겨난 여성부는 2005년에 가족 및 영유아 보육과 관련한 업무를 추가하면서 지금의 '여성가족부'라는 이름으로 재탄생했지.

사회적 기대가 컸지만, 명칭과 역할에 대해서는 꾸준한 논란이 있었어. 그 무렵 불거진 페미니즘 논쟁과 연계되면서 논란이 더욱 커졌던 것 같아. 여성가족부는 특히 젊은 남성 세대에게 미움을 많이 받았어. 아마도 2011년에 실시된 '게임 셧다운제'가 도화선이 되지 않았나 싶어. 이 게임 셧다운제를 맡은 부서가 여성가족부였거든. 게임 셧다운제는 심야 시간대에 청소년의 게임 시간을 제한하는 제도인데, 처음부터 실효성을 두고 반발이 심했어. 여기에 페미니즘과 관련한 온갖 황당한 가짜 뉴스가 나돌면서 여성가족부는 젠더 갈등 유발자로 낙인찍혔지.

그러다가 2022년 대선에서 한 대통령 후보가 '여성가족부 폐지'를 선거 공약으로 내세우기까지 한 거야. 물론 젠더 갈라치기를 이용해 표를 얻으려고 한다는 비판이 일기도 했지만, 이런 공약이 표를 얻는 데 도움이 된다고 생각했을 만큼 여성가족부 존재가 논쟁적이었던 거지. 그만큼 우리 사회에서 젠더 갈등이 심하다는 뜻 아니겠어?

> **젠더gender**
> 생물학적인 성을 의미하는 'sex'와 구분하여 사회적인 성을 의미할 때 흔히 'gender'라는 말을 쓴다. 태어나면서부터 결정되는 sex와 달리 gender는 사회적으로 부여된 성 역할, 성 정체성 등을 의미한다. 최근에는 gender의 의미가 더 확장되어서, 여성과 남성이 차이와 성별 관계를 분류하고 조직하는 방식 자체를 가리키는 말로 쓰기도 한다.

뭐든지 1등 하기 좋아하는 우리나라가 젠더 갈등에서도 세계 1위라는 거 알아? 2018년 영국 BBC 의뢰로 여론 조사 기관 입소스가 27개국 시민들 약 2만 명을 대상으로 총 여덟 개의 갈등 항목에 대해 조사했어. 이 조사에 따르면 우리나라는 젠더 갈등 부문에서 당당히(?) 1위를 차지했지. 이외에도 우리나라는 빈부 갈등은 4위, 세대 갈등은 2위를 차지했어. 그야말로 우리나라는 갈등 공화국이라고 해도 될 지경이야.

그런데, 더 큰 문제는 따로 있어. 이렇게 온갖 종류의 사회적 갈등이 일어나고 있는데도 불구하고, 갈등을 해결하려고 노력하는 사람이 별로 없다는 거야. 죄다 갈등을 부추겨 이득을 보려는 사람들로 넘쳐나지. 특히, 갈등을 해결해야 할 정치권이 오히려 갈등을 부추겨 정치적 이득을 보려고 하고 있어. 지역 갈등, 세대 갈등 하다 못해 빈부 갈등에 이어, 이제는 젠더 갈등까지 정치 놀음의 희생양이 되고 있는 것 같아.

젠더 갈등을 넘어
젠더 전쟁으로

"6·25 때 난리는 난리도 아니야."

철 지난 유행어지만, 우리나라의 젠더 갈등 상황에 딱 어울리는 말인 것 같아. 정말이지 난리도 이런 난리가 없는 듯해. 이제는 젠더 살등이 아니라 '젠너 선생'이라고 해야 할 정도야. 이내로라면, 젠더 갈등이 조만간 전쟁의 참상보다 더 참혹한 결과를 불러올지도 몰라.

〈조선일보〉와 서울대 사회발전연구소가 2022년에 조사한 자료에 의하면, 우리나라 국민의 약 67%가 젠더 길등이 심각하다고 답했어. 특히 20대에서는 전체 79.8%가 젠더 갈등이 심각하다고 답했고, 그중 여성은 82.5%였어. 가뜩이나 여러 이유로 결혼은커녕 연애도 사치라고 생각하는 20대 남녀들에게 이런 갈등 상황은 서로를 동반자로 바라보며 행복한 미래를 꿈꾸기 어렵게 만드는 것 같아.

미국 언론인 안나 루이즈 서스만은 '한국인이 아이를 갖지 않는 진짜 이유'라는 칼럼에서, 한국의 심각한 저출생 위기는 '남녀 사이의 관계 악화' 때문이라고 꼬집었어. 한국인들은 주거비, 양육비, 가정 친화적이지 않은 직장 문화 등으로 아이를 낳지 않는다고 분석하지만, 사실 가장 큰 이유는 '심각한 젠더 갈등' 때문이라는 거지.

옥스퍼드 대학교 교수 데이비드 콜먼은 2006년 유엔 인구 포럼에서 한국은 '세계 1호 인구 소멸 국가'가 될 거라고 경고했어. 지금 같은 저출생이 계속된다면 말이야. 그런데, 당시 1.13명이던 합계출산율이 2024년에는 0.74명으로 떨어졌어. 이대로라면 우리나라는 2750년이 되기 전에 지구상에서 사라지고 말 거야.

역사적으로 숱한 전쟁의 재난에서도 꿋꿋하게 버티던 우리나라가 저출생으로 세계에서 가장 먼저 소멸하는 나라가 된다니! 젠더 전쟁이라는 말이 과장되거나 괜히 나온 말이 아니라는 걸 좀 실감하니?

물론, 저출생 문제가 젠더 갈등 하나에만 원인이 있지는 않겠지. 저출생 문제를 젠더 갈등에서 벌어진 현상으로만 본다면, 문제의 본질을 왜곡할 수도 있어. 요즘 사람들이 아이를 낳지 않는 궁극적인 이유는 경제적 문제와 더불어 가치관의 변화 등 복합적인 요인 때문이니까. 단순히 젠더 갈등 때문이라고 할 수는 없지. 그렇지만, 지금과 같은 심각한 저출생이 지속되다가는 국가가 소멸할지도 모르는 위기에 처한 상황이라면 지푸라기라도 잡아야 하지 않을까? 저출생 문제를 해결하기 위해서라도 젠더 갈등을 해소하려는 노력을 할 수 있디면 좋겠지.

그런데 왜 저출산이라고 하지 않고, 저출생이라고 하는지 아니? '출생률'과 '출산율'은 뭐가 다를까? '출산'은 '아이를 낳다'라는 뜻이고, '출생'은 '아이가 태어난다'라는 의미잖아. 그러니까 '저출산'이라고 하면 여성들이 아이를 낳지 않아서 인구가 감소한다는 말로 들릴 수 있겠지? 인구가 감소하는 책임이 아이를 낳지 않으려는 여성에게 전석으로 있는 게 아닌데 말이지. 그래서 저출산이라는 말 대신 '저출생'이라는 말을 쓰는 거야. 저출생이라고 하면 말 그대로 출생 인구가 감소한다는 뜻이니까. 문제를 객관적으로 지적하는 중립적인 말이잖아. 이런 인식이 확산하면서 2023년에는 '저출산·고령사회기본법'의 용어를

출산율 가임기(15세~49세) 여성 한 명이 낳은 평균 자녀 수로 여성 1000명당 낳은 출생아를 모두 더해 1000으로 나눈 수이다.

출생률 일정한 기간(일 년)에 출생한 사람의 수가 전체 인구에 대하여 차지하는 비율로 보통은 1000명당 출생아 수이다.

합계출산율 한 여성이 평생 동안 낳을 것으로 기대되는 평균 자녀 수로 가임기 여성의 나이를 5세 단위로 세분화하여 구한 연령별 출산율을 모두 더해 1000으로 나눈 값이다. 합계출산율 1.13명이란 가임기 여성 한 명이 평생 낳을 자녀가 1.13명이라는 의미다.

'저출산'에서 '저출생'으로 바꾸자는 개정안이 국회에서 발의되기도 했어.

사실 출산율과 출생률은 통계적으로 약간 다른 의미이기 때문에 둘 다 필요한 용어이긴 해. 좀 더 정확한 앞으로의 인구 변화를 추정해 볼 때는 합계출산율을 들여다봐야 하고 말이야. 인구 변화의 흐름을 살펴볼 때는 출생률을 활용해야 이해가 빠르지. 합계출산율이나 출생률 모두 통계적으로 의미가 있는 자료이고, 각각 필요한 상황에 맞게 쓸 수 있는 용어라는 걸 이해할 필요가 있어.

'바비'도 울게 한
한국의 젠더 갈등

"바비를 울린 것은 한국 남성인가, 아니면 미미인가?"

2023년 개봉한 할리우드 영화 〈바비〉가 한국에서 흥행에 참패한 원인을 분석한 어느 일간지 기사의 한 구절이야. 이 영화는 미국에서는 개봉 첫 주에 박스 오피스 1위를 차지했는데, 우리나라에서는 기대에 미치지 못했어. 개봉 열흘이 지나도록 겨우 5위에 그쳤거든. 미국에서 흥행했다고 해서 우리나라에서도 흥행하리라는 보장은 없지만, 영화 〈바비〉의 흥행 부진은 예상 밖의 일이었나 봐. 우리나라에서 영화 〈바비〉의 흥행이 부진했던 걸 두고 외신에서도 보도한 걸 보면 말이야. 영국의 대표 신문 〈가디언〉도 관련 기사를 실었어. 그런데 기사의 헤드라인이 뭐였는지 아니?

"한국에서 영화 〈바비〉 흥행 실패, 페미니스트로 낙인찍히는 데에 대한 두려움은 현실이다."

〈가디언〉은 영화 〈바비〉가 흥행에 실패한 이유를 '한국의 첨예한 젠더 갈등' 때문이라고 분석했어. 이 영화를 보는 것만으로도 '페미니스트'로 오해받을 수 있다는 두려움 때문에 주된 관객층인 20대가 영화를 외면했다는 거야. '페미니스트'로 오해받는 것이 왜 두려울까? 우리나라에서 '페미니즘', 혹은 '페미니스트'에 대한 사회적 인식이 좋지 않거나 최소한 논쟁적 소재이기 때문이겠지?

'바비' 인형을 모르는 사람은 없을 거야. 1959년에 미국 마텔사에서 처음 세상에 내놓은 바비 인형은 지금까지도 꾸준한 사랑을 받으며, 전형적인 미의 기준을 상징하는 이름이 되었어. 흔히 날씬하고 아름다운 여자를 두고 '바비 인형' 같다고 하잖아. 여성의 아름다움을 전형적인 서구적 미인의 모습에 가두어 버렸다는 이유로, 바비는 페미니스트들의 비난을 받기도 했지만, 사실 그 탄생은 가히 혁명적이었어. 바비 인형이 나오기 전까지 여자아이들이 가지고 놀던 인형은 모두 '아기' 모습을 하고 있었거든. 여자아이들은 그런 인형을 가지고 놀며 어떤 역할을 했을까? 당연히 '엄마' 역할을 할 수밖에 없었겠지. 그렇게 자라면서 여자아이들은 자연스럽게 '좋은 엄마'가 되는 것에 자신의 꿈을 가두지는 않았을까?

성인 여성의 모습으로 세상에 나온 바비는 여성에 대한 이런 사회적 통념을 깨며 외쳤지.

선반에 진열된 다양한 바비 인형.

"Barbie can be anything."
"바비는 무엇이나 될 수 있다."

바비의 처음 직업은 패션모델이었지만, 이어서 다양한 전문
직 바비들이 세상에 나왔어. 물리학자 바비, 대통령 바비, 의사
바비 등등. 시대와 사회에 따라 변화하는 아름다움을 보여주겠
다며 다양한 인종의 바비들도 탄생했어. 소녀들은 이제 엄마가
아닌 다른 꿈을 꾸게 되었지.

그렇지만 이런 시도는 여성의 아름다움을 하나의 고정관념에 가둬버리는 결과를 가져왔어. 피부색만 다를 뿐 바비는 늘 늘씬한 팔등신 몸을 가지고 있었거든. 온갖 인종과 직업을 가진 바비가 탄생했지만, 결국 가장 인기 있는 바비는 금발 머리에 비현실적인 팔등신 몸매, 높은 하이힐을 신은 원조 바비였다는 사실이 이런 고정관념을 잘 보여주고 있어. 늘 하이힐을 신고 다니며, 하이힐을 벗었을 때도 까치발을 하고 살아야 하는 바비의 발을 봐.

영화 〈바비〉의 결말에서는 바비의 발뒤꿈치가 드디어 땅에

늘 굽이 높은 신발을 신어야 하는 바비 인형의 발.

닿는 모습이 클로즈업돼. 이를 통해서 진정한 자아를 찾고 드디어 인형 바비가 '인간'이 되어가는 모습으로 끝이 나. 바비의 까치발은 전형적인 아름다움, 즉 '여성다움'이라는 굴레를 상징했던 거야. 영화 〈바비〉는 이런 논란의 상징인 바비를 통해, 여성 중심의 세계인 바비랜드와 여전히 가부장적 질서에 점령당한 현실 세계의 모습을 비틀어 보여주고 있어. 우리 사회에 있는 남녀의 성 역할에 대한 고정관념을 적나라하게 풍자하고 비꼬는 영화라는 점에서 해외에서는 평점도 아주 높았지.

여기까지 대충 들어보니 어때? 이 영화에서 페미니즘 냄새가 나는 것 같니? 이런 영화를 보면 욕을 먹겠다 싶을 만큼?

영화 〈바비〉가 왜 우리나라에서 흥행이 부진했는지 다양한 분석이 쏟아졌어.

"미국식 유머 코드가 우리와 잘 맞지 않는다."
"한국인에게는 바비 인형에 대한 향수가 크지 않다."

말이 많았지. 실제로 우리나라에서는 완전 서구적인 바비 인형보다 토종 브랜드 '미미' 인형이 더 인기 있었거든. 그렇다 하더라도 영화 〈바비〉의 흥행 참패에는 단순한 이유로는 설명되지 않는 무엇인가가 있었어. 사람들은 그게 바로 '페미니즘'에 대한 거부감이라고 분석하는 것 같아. 최근 10여 년 동안 우리 사회를 휩쓸고 있는 젠더 갈등, 그 갈등에 지쳐서 이제는 사람들이 논쟁 자체를 피하려고 한다는 거야. 갈등의 골은 이미 엄청나게 깊지만, 자칫 잘못 건드리면 터질 듯한 두려움, 혹은 말 한마디 잘못하는 순간 엄청난 비난과 논쟁에 휘말릴 것 같은 두려움이랄까?

어느 순간 우리 사회에서는 '페미니즘'이라는 말 자체가 하나의 금기어가 된 거야. 마치 입에 올리면 안 되는 불순한 어떤 말이 되었다고나 할까?

"너 페미야?"

무슨 말만 하면 이런 말이 돌아오고, 이런 공격적인 말에 순순히 '응, 나 페미야'라고 말하기가 두려워졌지. 젠더에 대한 이야기를 용기 내어 할 때도, '난 페미는 아니지만'이라는 말을 먼저 내세우지는 않았는지 생각해 보게 돼.

불편한 물음, '너 페미니?'

"선생님, 페미예요?"

외모 지상주의에 대해 수업하던 선생님에게 한 학생이 대뜸 묻더래. 당황한 선생님은 바로 답하지 못했대.

'외모 지상주의에 대한 비판이 왜 페미니즘과 연결되는 거지?'

이런 생각이 들면서, 한편으론 이런 당돌한 질문에 기가 막혔대. 그제야 자신이 페미인지 아닌지 생각해 보았지. 그러고는 이내 이렇게 대답했다는 거야.

"음, 네가 생각하는 '페미'의 정의가 무엇인지 모르겠지만, 성별을 이유로 차별하지 말아야 한다고 생각하는 것이 '페미니즘'이라면, 그런 페미니즘을 지지한다는 면에서 나는 페미니스트야."

이 선생님은 대답하면서도 한편 이런 생각이 들었내.

'왜 이 질문이 당황스럽지? 왜 불편해졌지?'

마치 무언가 들킨 사람 같았대.

2021년에 양궁 국가대표 안산 선수가 페미니스트 논란에 휩싸였던 거 기억해? '쇼트커트'를 하고 여대를 다닌다는 것, SNS에서 남혐 논란이 있는 용어를 썼다는 정도의 이유로 페미니스트라는 공격을 받았지. 실제로 남혐의 의미로 그런 말을 썼는지, 혹은 그 말이 정말 남혐의 의미인지는 중요하지 않았어. 물론 쇼트커트를 했다는 것과 여대를 다니는 것이 왜 페미의 증거가 되는지도 모르겠고. 그 어떤 종목보다도 고도의 집중력이 필요한 양궁이었지만, 올림픽 기간 내내 안산 선수는 온라인상에서 어처구니없는 요구에 시달려야 했어.

"너 페미니스트지? 자백해."

우리나라는 자유 민주주의 공화국이야. 당연히 정치사상의 자유가 헌법에 보장되어 있어. 안산 선수가 페미니스트든 아니든, 그 누구도 자신의 사상을 강제로 선언해야 할 의무가 없지. 그리고 특정 사상을 갖고 있다고 하더라도 그것을 이유로 비난받을 이유도 없어. 물론 합법적이지 않은 주장을 한다거나, 어느 사회를 막론하고 반윤리적이라고 암묵적 합의가 이루어진 몇 가지 사례들은 빼야겠지.

오죽하면 이런 논란들이 외신에도 보도되었겠어? BBC 한국 특파원 로라 비커는 자신의 트위터에 다음과 같이 썼어.

> "한국에서 페미니즘은 어떤 이유에서인지 'dirty word'가 되었다."

'dirty word', 즉 '더러운 단어'가 되었다는 거야. 상황이 이렇디 보니 페미니즘에 동조히더리도 스스로 '페미니스트'라고 드러내어 말하지 못하는 경우가 많아. 어쩌면 실제로 자신은 '페미'가 아니라고 생각하는 것일 수도 있고 말이야. '페미니즘'이라고 하면 벌떼처럼 달려들어 비판해 대니, 누가 용기 있게 자신은 페미니스트라고 말할 수 있겠어? 아예 생각을 감추거나, 논쟁을 피하거나, 혹은 스스로를 속이거나 할 수밖에. 페미니즘이 옳고 그른가를 따지기도 전에 심리석으로 움츠리게 되는 거지.

한편 페미니즘에 대한 공격은 '꼴페미', '페미나치' 따위로 수위가 점점 높아졌어. 어쩌면 지금 이 글을 읽고 있는 여러분 중에도 벌써 거부감이 스멀스멀 올라오고 있는 사람이 있을 거야.

그런데 사실 다른 사람을 페미라며 비난하는 사람들뿐만 아니라, 자신이 페미니스트라고 말하는 사람들조차도 페미니즘이 무엇인지 정확하게 이해하고 있는지 의문이 들어. '페미니즘'은 그냥 단순한 하나의 생각이 아니거든.

'페미니즘'은 사전적 의미로만 보면, 성별로 인해 발생하는 정치, 경제, 사회, 문화적 차별을 없애야 한다는 사상 또는 운동이라고 생각할 수 있어. 미국의 흑인 여성 운동가 벨 훅스가 정의한 '성차별주의와 성차별적 착취, 억압을 끝내기 위한 운동'을 일반적인 정의로 받아들였지. 그렇지만 '성별로 인해 발생하는 차별'의 기준을 어디까지로 볼 것인지에 따라 때로는 범위가 넓혀지거나, 때로는 범위가 좁혀질 수도 있어. 그리고 '성별'을 구분하는 기준을 무엇으로 보는지, 어떤 식으로 구분할 것인지에 따라서도 달라져. 즉 페미니즘은 딱 하나의 목소리로 정해 놓고 정의할 수 있는 성질의 것이 아니야.

"당신은 페미니스트인가?"

타고난 성sex을 이유로 차별하는 데 반대하는 사람들도 막상 이렇게 물으면 선뜻 답하지 못하는 경우가 많아. 사람마다 생각하는 페미니즘의 기준이 다르기 때문이지. 사람마다 생물학적인 성이 다르고, 사회적으로 처한 상황이 달라. 인종이 다르고, 그 사람이 처해 있는 사회적 계급도 다르지. 당연히 자신이 처한 상황에서 '페미니즘'에 대한 판단도 다르겠지.

페미니즘은 생각의 관점이나 처해 있는 상황에 따라 각자 다다른 판단을 내릴 수도 있어. 같은 여성들끼리도 자신이 처한 사회적, 계층적 상황 때문에 한목소리를 내기가 쉽지 않아. 그토록 다양한 각자의 목소리를 내면서도, 성별로 인한 차별 반대를 외친다면, 그 역시 페미니즘일 거야. 그러면, 다시 물어볼게.

너는 페미니스트야?

최근의 페미니즘은 이런 다양한 정체성을 인정하고, 사회적 소수자의 입장에서 차별을 없애는 방법을 찾고 있어. 그러다 보니 기득권의 저항에 끊임없이 부딪힐 수밖에 없었지. 서로 저항과 대응을 반복하며 상처를 주기도 하고, 비난을 퍼붓기도 했어. 이 과정에서 페미니즘이란 단어는 점점 입에 올리기 어려운 '더러운' 말이 되었는지 몰라. 그러나 이제는 모두가 지쳐가고 있어. 그냥 논쟁 자체를 피하고 싶어진 거야.

"그래, 네 생각 존중할게. 그렇지만 그냥 생각만 그렇게

사회적 소수자

사회적 소수자는 신체적 또는 문화적 특징 때문에 자신이 속한 사회에서 '주류'에 속하는 집단 구성원과 구분되어 불평등한 처우를 받고 있는 개인이나 집단을 이르는 말이다. '소수자'는 수가 많고 적음과는 관계없이 사회적으로 주류 집단에 비해 영향력이 적은 사람들을 말한다. 예를 들어, 남아프리카 공화국은 흑인이 전체 인구의 80% 이상이지만, 소수의 백인이 사회적 권력을 차지하고 있기 때문에 흑인이 소수자가 된다. 남성이 주류가 되는 가부장적 사회에서는 여성이 소수자가 되고, 비장애인이 주류인 사회에서는 장애인이 소수자가 되는 것이다.

해. 우주의 평화를 위해 우리 서로 그냥 닥치고 있자."

그렇지만 우리가 타협한다고, 이미 현실에 존재하는 문제가 사라지지는 않아. 우리가 일상적으로 대면해야 하는 문제라면 더 이상 피할 수도 없어. 하루에도 몇 번씩 마주칠 수 있는 문제이니 말이야. 이제는 한 번쯤 정면으로 부딪쳐 봐야 하지 않을까? 마냥 피하지 말고 그냥 한 번 부딪치다 보면 뭔가 서로의 생각이 만나는 지점이 있지 않겠어?

당신은 페미니스트인가?

2018년, EBS에서 〈까칠남녀〉라는 프로그램을 방송했는데 이런 질문을 했어.

"남성과 여성은 사회적, 경제적으로 동등해야 하는가?"
"남성과 여성은 동등한 인권을 가지고 있는가?"
"나는 성평등에 찬성하는가?"

이렇게 세 가지 질문을 던졌지. 거의 모든 응답자가 세 가지 질문에 모두 '그렇다'라고 답했어.
성별에 따라 정치, 경제, 사회, 문화적으로 차별해야 한다고 생각하는 사람이 몇이나 될까? 성별의 차이를 인정하고, 그 차이에서 오는 사회적 대우의 차이를 인정해야 한다고 주장할 수는 있겠지. 그러나 대놓고 차별해야 한다고 주장하는 사람은 없을 거야.
그런데, '당신은 페미니스트인가?'라는 질문에 대해서는 어떨까? 많은 사람이 이 물음을 불편하게 생각하고, 선뜻 자신이 페미니스트라고 답하기 어려워했어. 그렇지만 앞에 나온 세 가지 질문은 벨 훅스가 말한 페미니즘의 정의와 동일한 내용이라는 걸 한번 생각해 봐. 여전히 '나는 페미니스트다'라고 말하기 어려울까?

> "내가 꺼리는 페미니즘은 그 페미니즘이 아니고, 그 있잖아, 과격하게 주장하는 그 꼴페미들이야."

이렇게 말하는 사람도 있을 거야. 하지만, 다양한 생각과 논의를 자기 기준의 '혐오'라는 틀 안에 가두어서 모두 '페미니즘'이라고 뭉뚱그려서 비난해도 되는 것인지 생각해 봤으면 해.

'행동하는 보통 남자들' 소속 활동가들이 '우리는 이대남이 아니란 말입니까' 라는 제목의 기자 회견을 열어 성별 갈라치기를 하는 정치와 언론을 비판하고 있다. (2022년 2월 9일)

학교, 젠더 갈등의 최전방

요즘 학교에서 추천 도서 목록에 넣었다간 남학생들에게서 민원 폭탄이 쏟아지는 책이 있다고 해. 바로 조남주 작가의 소설 《82년생 김지영》이야. 대한민국에서 살아가는 30대 여성 '김지영'의 삶을 그린 이야기야. 2016년에 발표한 이 소설은 여성들의 절대적 지지를 받으며 베스트셀러가 되었고, 2019년에 영화로 만들어지기도 했어. 그런데 어느 순간, 이 작품은 우리나라에서 '페미니즘 소설'의 상징이 되어버렸지.

주인공 김지영의 삶이 우리나라 여성들의 보편적인 삶을 다루었는지, 아니면 김지영이란 특정 개인에 한정한 것인지에 대한 관심과 논의는 사라진 채, 오직 페미 논쟁의 먹잇감이 되어버렸어. 문학 작품으로서 의미와 가치는 아예 관심 밖으로 밀려났지. 어떤 것의 상징이 되어버린다는 것은 이렇게나 무서워. 한 마디로 좌표 '찍히는' 거잖아.

요즘 학교에서는 성평등 교육을 의무적으로 해야 해. 그런데도 이런 수업을 하고 나면, 학교로 민원이 쏟아지기도 해.

"왜 아이들에게 페미니즘을 주입하는 거죠?"

이런 민원을 제기하는 사람들은 남학생이기도 하고, 때로는 남학생의 엄마이기도 해. 엄마도 여성이지만, 여성의 입장에서도 페미니즘이 불편한 사람들은 많은 것 같아.

요즘 10대 남학생들이 페미니즘을 불편하게 느끼는 이유가 뭘까? 페미니즘이 혐오의 말이 되어버린 우리 사회가 문제이기도 하지만, '여성이 더 차별받는다'라는 전제에 공감하지 못하기 때문이기도 해. 가부장적 사회를 경험하지 못한 10대들에게는 어쩌면 당연할 수 있겠지.

여러분의 부모님 세대는 어렸을 때, 여성이 차별받는 현실을 가정에서부터 보고 자랐어. 그래서 '여성이 차별받는다'라는 사실을 인정하는 이른바 '온정적 페미니즘'에 동조하는 사람이 많지. 가부장적인 아버지 때문에 고생하신 어머니에 대한 안타까운 마음을 가지고, 최소한 자신은 아버지 세대처럼 굴지 말아야겠다는 다짐을 한 남자들이 많았어.

지금의 10대나 20대는 이렇게 노력한 아버지를 보고 자랐어. 그리고 학교에서 매년 성평등 교육을 받으며 자랐지. 아직 본격적인 사회생활을 경험해 보지 못한 학생들에게는 학교생활이 사회에 대한 경험의 대부분을 차지해. 그러다 보니 청소년기의 많은 남학생은 성차별에 대한 경험이 많지 않을 거야. 이런 남학생들에게 학교에서 매년 의무적으로 실시하는 성평등 교육은 평등이 아니라 오히려 여성 우선주의, 여성 우월주의를 주장하는 것처럼 들릴 수도 있을 거야.

> "현실에서 도대체 여자애들이 무슨 차별을 받았다는 거야? 예전에는 여자라는 이유로 하지 못하는 일들이 많았다고? 흥, 지금 우리 집에서 서열 1위는 엄마인걸."

이들은 우리 사회에서 이미 여성은 기득권층이며, 학교에서도 늘 남자가 부당한 대우를 받는다고 생각하지. 대표적인 예가 체육 수행평가 기준이야. 성별에 따라 수행평가 기준이 다른 데 불만을 가질 수 있어. 예를 들면 남학생은 팔 굽혀 펴기를 20개를 해야 만점인데, 여학생은 10개만 해도 만점을 주는 식이야. 게다가 여학생은 바닥에 무릎을 댄 채 팔 굽혀 펴기를 해도 인정해 주지.

경찰 공무원을 뽑는 체력 검사에서도 여성의 기준을 훨씬 낮게 적용하는 것을 부당하다고 생각하는 사람도 많아. 민중의 지팡이인 경찰이 범죄자와 마주쳐 싸워야 할 때, 범죄자가 경찰이 여자라고 봐주지는 않을 테니까. 힘없는 여성 경찰을 어떻게 믿고 마음 편히 살 수 있겠느냐며 불만이야.

한편 뭔가 부당하다고 생각하지만, 딱히 뭐라 말하기 애매해서 참기만 하는 남학생도 있을 거야. 같은 잘못을 해도 여학생보다 남학생이 더 심하게 혼난다는 생각도 들었을 것 같아. 실제로 선생님들도 여학생이 남학생보다 더 연약하고, 감정적으로 예민하기 때문에 함부로 혼내지 못하겠다고 말하기도 해. 남학생과 여학생이 싸우면 편잔을 주는 선생님도 있어.

　　"사내 녀석이 쪼잔하게 그깟 걸로 여자애랑 싸우냐?"

　무거운 짐은 무조건 남학생에게 들라고 하고, 힘든 일은 덮어놓고 남학생에게 시키는 경우도 많아. 평소에는 성평등을 주장하면서 힘든 일은 남학생에게 미루는 여학생을 두고, '뷔페니즘'이라며 비난하기도 해. 뷔페와 페미니즘의 합성어인데, 맛있는 음식만 골라 먹는 뷔페처럼 자신에게 불리할 때만 페미니즘을 찾는 걸 말해. 자신한테 유리할 땐 여자임을 내세워 온갖 혜택을 누리는 걸 비꼬는 말이지.

　남학생이 페미니즘에 동조하지 못하는 또 다른 이유는 군대 때문일 거야. 남학생에게는 스무 살이 넘으면 군대에 가야 한다는 막연한 두려움이 존재해. 아직 현실화되지 않은 두려움이 더 크게 느껴지는 법이지. 왜 남자만 군대에 가야 하는지 의심과 불만이 생길 수밖에 없어. 이런 생각에 한편으로는 공감이 가기도 해.

사회적으로 큰 이슈가 되었던 미투 운동이나 데이트 폭력 등의 문제로 남성을 잠재적 가해자로 본다는 불만도 페미니즘에 대한 거부감에 불을 지폈어.

그렇지만 잘 생각해 봐. 학교에서 남학생이 진짜 피해자이기만 할까? 요즘은 대부분의 학교가 남녀 공학이잖아. 남녀가 같이 생활하는 교실에서 학급 분위기를 좌지우지하는 사람들은 누구지? 대체로 남학생들이야. 교실이며 복도를 차지한 채 다른 학생들의 눈치를 별로 보지 않고 큰 소리로 떠든다든가, 혹은 여학생들이 싫어하는 '섹드립'을 마구 하는 아이들은 주로 남학생들이야. 물론, 지각 있는 남학생 대부분은 그러지 않지. 목소리 큰 몇몇 아이들의 이야기이긴 해.

여학생들의 외모를 품평하는 일도 다반사지. 이른바 '얼평'을 하는 거야. 화장하지 않는 여학생을 향해 '역겨우니 얼른 가려라'라고 말하면서, 여학생이 상처받으면 '장난인데, 긁혔어?'라며 조롱해. 상처받은 것을 보니 본인도 그렇게 생각한 게 맞다며, 자신은 그저 '가려졌던 진실을 긁어주었을 뿐'이라고 말하지. 이런 일 때문에 여학생들이 화장을 더 많이 하는 거라고 말하는 사람들도 있어. 물론 사람에게는 아름다움을 추구하려는 욕구가 있고, 그 욕구는 자신을 위한 것이기도 해. 남학생들의 얼평 때문이 아니라, 자기 만족을 위해 화장할 수도 있어.

한편 화장을 과하게 해도 남학생들은 또 비난해. 날씬하지 않거나, 자신의 기준에서 못생겼다고 생각하는 여학생에겐 '돼지'나 '고릴라'와 같은 언어폭력을 마구 날리기도 해. 그저 장난일 뿐이라면서 말이야.

여학생이 남학생보다 더 자기 외모에 만족하지 못한다는 연구 결과도 있어. 이렇게 대놓고 얼평을 해대니 여학생이 어떻게 자기 얼굴에 만족하겠어? 상황이 이런데도 그저 여학생이 자기 만족을 위해 화장할 뿐이라고 말하기는 좀 민망하지? 특히 요

즘처럼 외모 지상주의가 판치는 사회 분위기에서는 더더욱 말이지. 요새는 이런 남학생들의 얼평에 저항하며 거꾸로 남학생들의 외모 순위를 매기는 여학생들도 생겨나고 있어. 그냥 당하고 있을 수는 없다는 거야. 이러다 보면 결국 서로 간의 갈등이 더 커질 수밖에 없겠지?

여러분이 제일 좋아하는 과목은 뭐야? 아마도 체육이라고 말하는 학생들이 제일 많을걸. 어쩌다 교환 수업으로 체육 시간이 빠지기라도 하면 정말 난리가 나거든. 물론 모든 학생이 체육 시간을 좋아하지는 않아. 아마도 체육 시간을 싫어하는 학생들은 대체로 여학생일 거야. 물론 이건 평균에 의한 것이므로, 여학생이 운동을 싫어한다고 단정해서는 안 되겠지.

체육 선생님들은 운동하기 싫어하는 학생들을 어떻게 참여시킬지 제일 고민이라고 해. 몸이 좋지 않아서 쉬어야 한다고 하면, 억지로 참여시킬 수도 없으니 말이야. 물론, 신체적 특성 때문에 남학생과 여학생의 성향이 다를 수는 있어. 그렇지만 여학생들이 과도하게 운동을 싫어하게 된 이유는 뭘까? 체육내회에서 여학생은 주로 피구 경기를 해. 피구는 공을 던져서 상대방을 맞히는 경기잖아. 간혹 엄청난 공격력을 보여주며, 공을 던지는 족족 상대를 탈락시키는 여학생이 있어. 그런데 뛰어난 경기력을 보여주는 이 여학생에게 멋진 플레이에 대한 환호보다 환호를 가장한 야유를 퍼붓는 남학생이 꼭 있지.

"우아, 너 진짜 여자 맞아? 힘 좀◯ 세."

이런 말을 들은 여학생은 금방 주눅이 들어버려. 경기가 끝나고 나서도 이런 야유가 계속 따라다니거든. 경기가 과열되기라도 하면 스포츠 경기로 보지 않고, 마치 싸움 구경이라도 하듯 환호하기도 해. 경기가 끝나고 발생하는 이런저런 갈등 때문에 체육대회에서 피구 경기를 빼는 학교가 많아지고 있다고 해.

비슷한 이유로 여학생에게 시키지 않는 종목이 있어. 바로 씨름이지. 예전엔 종종 여학생 씨름 경기를 하곤 했어. 그럴 때면 경기를 하는 족족 멋지게 상대방을 쓰러뜨리는 여학생이 가끔 있어. 이럴 때도 남학생들은 환호보다 야유를 보내. 그 여학생이 뚱뚱하기라도 하면, 야유는 더 심해지지.

어릴 때부터 이런 일을 경험한 여학생들이 그저 맘 편하게 운동을 즐길 수 있을까? 자연스럽게 운동장이나 체육관은 거의 남학생들 차지가 되는 거야.

사실, 남학생도 남학생이라서 차별당하기도 해. 또 여학생은 여학생이라서 차별당하고 말이야. 그러니까 누가 더 차별받느냐를 따지기 전에, 이런 차별이 존재한다고 인정하고 돌아볼 필요가 있다는 말을 하고 싶어. 이 세상은 어차피 모두가 어울려 살아야 하는 곳이잖아. 언제까지 이런 갈등을 안고 늘 부딪히며 살아야 하지?

한남충 vs 된장녀

몇 년 전에 어느 편의점 광고에 '집게손' 그림이 들어간 것을 두고, 여기저기서 남성 혐오 논란이 일었던 거 기억해? 남성을 비하하는 대표적인 단어가 '한남충'이잖아. 집게손은 일부 인터넷 사이트에서 한남, 즉 한국 남자의 성기가 작다며 공공연하게 남성을 조롱하는 그림이었다고 해. 그런데 남성을 혐오하는 여성 작가가 이런 그림을 은근슬쩍 광고나 게임 애니메이션 등에 끼워 넣었다는 거지. 논란이 되었지만 알고 보니 작가가 남성인 경우도 있었고, 이게 집게손 모양이 맞나 싶은 경우도 있었어. 하지만 한번 의심하기 시작하니 손가락 그림만 나오면 무조건 문제가 들끓는 것 같아.

이런 뉴스가 쏟아지는 것을 보면, 최근 우리 사회는 마치 여성 혐오보다 남성 혐오가 더 심한 세상 같아. 졸지에 어린 남자아이들까지 '한남 유충'으로 끌어내려 조롱하니 말이야. 그렇지만 이를 두고 어떤 이들은 말해.

"여성들은 훨씬 오래전부터 이보다 더 많은 혐오의 말들
을 견뎌내고 있잖아?"
"여성을 혐오하는 말에는 언제 이렇게 호들갑스럽게 반응
한 적이 있어?"

실제로 여성 혐오의 말을 떠올려 보면 한남충 정도는 애교
수준으로 보일 정도야. 차마 입에 담기조차 민망한 말들이 두
손으로 세기도 힘들 정도로 많아. 그러니 한번 생각해 봐. 남성
으로서 남성 혐오의 말을 들었을 때 느끼는 분노의 감정을, 여
성들은 어쩌면 더 심하게 더 오랫동안 느끼며 살아오지는 않았
는지 말이야. 여성 혐오에 분개하는 여성들을 향해 별나다는 둥
꼴페미냐는 둥 비난하기 전에 말이야.

'된장녀'라는 말 들어봤어? 본격적인 젠더 갈등의 출발쯤 되
는 말이라고 해야 할까? 1990년대 후반에 인터넷에서 조금씩
쓰이다가 2000년대 초반부터 유행한 말이야. '된장녀'의 뜻을
사전에서 찾아보면 '명품 소비를 지향하며 과시형 소비를 하는
여성을 비하하는 말'이라고 되어 있어. 자판기 커피 한 잔에 100
원, 200원 정도 하던 시절에 1500원짜리 구내식당 밥으로 점심

을 때우면서, 4000원이 넘는 별다방 커피를 마시는 여성들을
두고 한 말이야. 이런 여성들을 두고 사람들은 조롱하지.

"한 손에는 두꺼운 영어 원서를 들고 다른 한 손에는 이 커
피 브랜드의 로고가 찍힌 컵을 들고 다니면, 자신이 무슨

뉴요커나 되는 줄 아나 봐?"

왜 하필 된장녀인지에 대해서는 여러 설이 있어. '젠장'과 어감이 비슷한 '된장'에서 나온 말이라고도 하고, 명품을 좋아하고 외국 문화를 좋아하지만 실은 뼛속까지 한국인이라는 의미에서 가장 한국적인 음식인 '된장'을 붙여서 '된장녀'가 되었다고도 해. 어원이 무엇이든 간에 허영심에 가득 차서, 자신의 경제 수준에 맞지도 않는 과시적 소비를 하는 여자를 '된장녀'라고 하지.

여기서 한 발 더 나가서, 자신의 수준에 맞지 않는 과시적 소비를 위해 능력 있는 남자만 찾는 여성을 두고 '김치녀'라고 해. 평소에는 여성으로서 권리를 주장하면서 정작 의무는 다하지 않다가, 남자에게 기대려고만 하는 여자를 이르는 말이야. 하지만, 한국 음식의 대명사인 '김치'를 가져다 붙임으로써 '김치녀'는 어느새 '한국 여자' 전체를 비하하는 말이 되었지.

된장녀든 김치녀든 처음에는 대상의 어떤 속성을 비판하는 말이었다가, 결국엔 여성 전체를 일반화하는 말이 되어버렸어. 여성 전체를 속물적 존재로 비하하는 대표적인 여성 혐오의 말이 되어버린 거야.

한때는 '김여사'라는 말이 유행하기도 했어. 운전에 서툰 여성들을 비하한 말인데, 운전을 잘하지 못하거나 비정상적으로 운전하는 차량을 보면 운전자가 남성인지 여성인지 확인하기도 전에 비꼬며 말하지.

"저거 김여사 아냐?"

실제로 교통사고를 더 많이 내고 더 난폭하게 운전하는 사람은 남성 운전자라는 통계도 있어. 그런데도 왜 유독 여성 운전자에게만 '김여사'라며 별칭을 지어 부르는 걸까?

'맘충'이라는 말도 그래. 처음에는 자기 자식만 귀하게 여겨 오냐오냐하면서 자녀가 공공장소에서 잘못된 행동을 해도 제지하거나 훈계하지 않고 방치하는 개념 없는 엄마에게 썼던 말이야. 그러다가 이제는 아이를 가진 모든 여자를 싸잡아 '맘충'이라고 하는 것 같아.

집안에서 육아를 담당하는 사람이 주로 여성이긴 하지만, 잘못된 훈육은 엄마만 하는 게 아닐 텐데, '파파충'이란 말은 왜 없을까? 사실 자기 자식만 귀하다며, 더 개념 없이 구는 아빠들도 엄청 많은데 말이야. 혹시 기본적으로 엄마는 여성이기 때문에 이기적이고 무례하다는 인식이 깔려 있는 건 아닐까?

최근에 인천에 있는 어느 헬스장에서 다음과 같이 써 붙여서 논란이 되었어.

'아줌마 출입 금지'

진상 고객의 대명사로 '아줌마'를 내세운 거야. 혹시 대한민국에서 성별은 세 가지 기준으로 나뉜다는 우스갯소리를 들어봤어? 바로 '남자, 여자, 그리고 아줌마'로 나뉜다는 거야. 이만큼 우리나라에서 '아줌마'가 갖는 사회적 의미는 특별한 것 같아. 짧고 뽀글뽀글한 파마머리에 펑퍼짐한 고무줄 바지를 입고, 아무 데서나 목소리를 높이며 억척같은 생활력을 보여주지만, 자식 앞에서는 한없이 약한 여자, 아줌마. 이런 정도의 의미였던 '아줌마'가 이제 그 속에 남아 있던 약간의 긍정적인 의미조차도 다 사라져 버리고, 남의 시선 따위는 아랑곳하지 않는 진상 고객의 대명사가 되어버렸어. 진상을 부리는 걸로 치면 아줌마보다 백배 더 심한 진상 아재도 있을 텐데 말이지.

할머니들은 또 어때? 나이 들수록 귀가 잘 들리지 않아서 큰소리로 말하는 건데, 여름철 매미가 우는 것처럼 시끄럽다고 '할매미'라고 한다나? 젊은 여성에서부터 노년의 여성에 이르기까지, 여성에 대한 비하와 혐오의 말들은 끝이 없어.

그런데 우리나라 사람들은 옛날부터 여성 비하를 좀 당연하

게 여겼던 것 같아. 성별을 가리키는 말만 봐도 그래. 사람의 성별을 말할 때는 '남녀'라고 하잖아? 남자가 앞에 오지. 그런데 동물의 성별을 말할 때는 '암수' 또는 '자웅'이라고 해. 암컷이 먼저 나오지. 사람을 가리킬 때도 욕의 의미로 쓸 때는 '놈년'이라고 하지 않고 '연놈'이라고 하잖아.

성별과 관련된 욕설 중에 '○○놈'과 '○○년'이 있어. 그런데, 구글에서 검색해 보면, '○○년'이라는 욕설의 사용량이 훨씬 많다는 거 알아? 왜 그럴까? 남자들 사이에서 '○○놈'은 타격감이 전혀 없어서, 욕이 아니라고 생각한대. '○○년'이라고 해야 진짜 욕처럼 느껴진다나? 여자도 '○○년'이라고 하고, 남자도 '○○년'이라고 하니 '○○년'의 사용량이 훨씬 많을 수밖에 없지 않겠어?

그렇다면 남자에게 여자라고 하는 것이 왜 욕이 되는 걸까? 옛날에 아이들이 울면 호랑이가 물어 간다고 협박 아닌 협박을 했었어. 그런데 남자애들한테는 이보다 더한 협박이 있었어.

고추 떨어진다.

이 말이 왜 협박이 되는 걸까? 이 말은 곧 남자가 아니라 여자가 된다는 의미야. 그 시절에 여자는 남자보다 열등한 존재였어. 그러니 남자아이들에게 여자가 된다는 말이 얼마나 공포스러웠겠어.

많은 사람들이 말해.

"여성 혐오를 반대해. 하지만 여혐에 대한 반작용으로 남혐의 말을 하는 것은 이해할 수 없어. 그러니 페미니스트들이 욕을 먹는 거야."

맞는 말이야. 혐오와 차별의 말이라면 여혐도 남혐도 하지 말아야 해.

그렇지만, 우리는 뭐든지 익숙해지면 그것을 너무 당연하게 생각해. 당연한 일들에서는 문제점을 느끼지 못하지. 그저 당연한 일일 뿐이니까. 그동안 우리는 여혐의 말들을 그냥 '디폴트 값', 그러니까 기본 값으로 생각하며 살아왔던 것은 아닐까? 너무 당연한 것으로 여기며 말이야. 그래서 어쩌면 그동안 들어왔던 여성 혐오의 말에 대해서는 미처 화내지 못하고, 지금 벌어지는 남성 혐오에 대해서만 더 크게 화내고 있는 것은 아닐까? 그래서 어쩌면 그동안 숱한 여성 혐오의 말을 쏟아냈던 남성들에 대한 비난이나 반성은 그냥 묻어둔 채, 이제 와서 남성 혐오를 조장하는 페미니스트가 문제라며 그 비난을 오롯이 '페미니즘'의 문제로 쏟아내고 있는 것은 아닐까?

페미는 못생겼어!

"못생긴 여자가 모두 페미는 아니지만, 페미는 모두 못생겼어."

"못생긴 여자들은 학교 다닐 때 항상 관심도 못 받고 비주류로 살던 여자들이야. 이쁜 여자들이 주변의 사랑과 관심을 독차지하는 것을 부러워했지. 이렇게 자신들에게 관심을 주지 않던 남자들에 대한 분노가 쌓여서 페미가 되는 거야."

페미니스트에 대한 일부 남성들의 이런 주장이 꾸준히 논란이 되고 있어. 이런 주장에 대해 일부 커뮤니티에서 여성들은 이렇게 되받아치곤 하지.

"여성의 외모를 가지고 이런 비난을 하는 남자들은 대부분 태어나서 지금까지 여자 친구 한 번 못 사귀어본 못생긴 한남들이거나, 못생겨서 여자들한테 차이고도 그것을 인정하지 못하는 루저들이야."

젠더 갈등은 결국 서로의 외모를 비하하고 조롱하면서 끝이나. 이쯤 되면 나오는 말이 있지. 한때 유행했던 드라마 〈도깨비〉에 나온 대사야. 알지?

"파국이다!"

논리로 상대를 이길 수 없거나 논리 따위는 필요 없을 만큼 무조건적인 적대감을 표현할 때도 사람들은 외모를 공격해. 어쩌면 모든 종류의 갈등이 결국 외모 비하로 끝나는 것 같아. 이런 식의 논쟁들이 주로 온라인상에서 벌어지다 보니, 이 현상이 더욱 두드러지는지도 모르지. 온라인상에서 논쟁하는 상대는 오프라인에서 만나고 교류하는 구체적인 개인이 아니잖아. 피와 살이 있고 감정으로 교류하는 사람이 아니라, 그저 이미지와 텍스트로만 소통하는 사람이니 더 쉽게 막말을 하게 되지.

외모에 대한 비난을 거침없이 하는 이유는 외모 비하야말로 가장 타격감 있는 공격 수단이기 때문이야. 특히나 요즘처럼 외모 지상주의가 판치는 시대에는 더욱 그렇지. 외모야말로 가장 큰 경쟁력이 되는 시대이니 자존감에 즉각적으로 상처를 낼 수 있잖아. 상대를 흥분시켜 논리를 상실하게 만들거나, 자존감을 추락시켜 전의를 상실하게 만들 수 있지. 물론 결론은 서로 만신창이가 되면서 끝나겠지만 말이야.

《나는 게이머입니다, 아 여자고요》라는 책을 쓴 딜루트 작가는 요즘 인터넷 문화에 대하여 '누군가를 괴롭히는 것이 하나의 놀이 문화가 되고, 그것이 곧 돈이 된다는 게 가장 큰 문제'라고 지적했어. 외모에 대한 조롱 역시 하나의 놀이 문화처럼 되어버렸지. 조롱의 강도가 셀수록 더 많은 돈을 벌게 되었고 말이야.

특히 여성의 외모가 조롱의 대상이 되는 이유는 뭘까? 전통적인 가부장제 사회에서 여성은 남자의 눈을 즐겁게 하는 '꽃'과 같은 존재로 여겨졌어. 안타깝게도 아직까지 그렇게 생각하는 사람이 많은 것 같아. 예전의 가부장제 사회에서 여성의 '외모'를 대하던 방식이 인터넷상에도 그대로 반영되면서, 유독 여성의 외모가 조롱의 대상이 된 거지. 이런 조롱에 대한 여성들의 저항이 세지면 세질수록 그 반작용으로 여성의 외모를 비하하는 정도가 더 세지고, 더 독해지는 것 같아.

'탈코르셋 운동'은 여성의 외모에 대한 조롱과 전통적인 시선에 저항하려는 목적으로 시작되었어. 있는 그대로의 자신을 긍정하면서 우리 사회가 강요하는 외모에 대한 시선에서 벗어나자는 운동이지. '코르셋'은 여성의 허리를 비현실적으로 가늘어 보이게 만드는 보정 속옷이야. 조금이라도 더 날씬해 보이려고 숨 쉬기조차 어려울 정도로 코르셋을 졸라매는 장면을 영화에서 본 적이 있을 거야. 코르셋은 전형적인 미의 기준에 여성을 가두고 억압하는 상징적인 물건인 셈이지.

그러니까 코르셋을 벗어던지는 행동은 여성을 억압하는 가부장적 질서를 거부하는 것을 의미해. 현대의 여성들이 외모에 집착하며 매여 사는 것은 코르셋에 갇혀 사는 것과 다를 바 없다고 생각하는 거야. 그래서 가부장적 질서에 대한 상징적인 저항의 방법으로 긴 생머리를 짧게 잘라버리고, 화장품을 던져버리자고 외치는 여성들이 많아지고 있어. 이 여성들은 '꾸밈 노동'에서 여성을 해방시켜야 한다고 주장해. 매일 아침 거울 앞에서 외출을 준비하며 자신을 치장하는 데 들이는 노동을 '꾸밈 노동'이라고 불러. 이들은 여성들이 자신을 꾸미는 일이 사회적 강요에 의한 '노동'이라고 생각하지.

그동안 우리 사회는 아름다움을 추구하는 것이 여성의 본능이며 여성들 스스로 자기 민족을 위해 치장한다고 믿어왔어. 그렇지만 짙은 화장이나 긴 생머리, 날씬한 몸매를 정말로 여성이 자발적 의지로 원했을까? 탈코르셋을 주장하는 사람들은 이것이 사회적 강요였다고 말해. 이런 강요에 저항하기 위해 쇼트커트를 하고 노메이크업을 하자는 거지.

그러다 보니, 거꾸로 쇼트커트나 노메이크업을 하면 탈코르셋 운동을 하는 페미니스트가 아니냐고 몰아가기도 해. 앞에서 이야기한 안산 선수 역시, '쇼트커트는 곧 탈코르셋 운동, 탈코르셋 운동은 곧 페미니스트'라는 단순한 논리로 낙인찍혔잖아. 탈코르셋의 의도로 쇼트커트를 할 수도 있지만, 쇼트커트를 했다고 모두 탈코르셋을 주장하지는 않을 텐데 말이야.

　그동안 우리 사회는 사회생활을 하는 여성이라면 당연히 화장을 해야 한다고 생각했어. 화장이 여성에게 요구되는 당연한 의무이기도 했고, 또 한편으로는 아름다워지려고 하는 여성의

당연한 욕망이라고 생각하기도 했지. 그러는 사이 여성들은 아침마다 자신을 꾸미고 치장하는 데 많은 시간을 써야 했어. 그것이 사회의 강요인지, 혹은 스스로의 선택인지 생각해 볼 새도 없이 말이야.

여러분도 생각해 봐. 남학생은 외출 준비에 보통 시간이 얼마나 걸려? 아마도 평균 10분이면 충분할걸? 물론 아침 샤워를 30분씩 하는 친구들도 있긴 하지만 말이야. 그럼 여학생들은 어떨까? 샤워하고 머리 손질하는 데에만 적어도 30분은 걸릴걸? 그리고 기초 화장품을 바르고, 간단한 화장을 하고 어떤 옷을 입을지 고르는 데에 또 한 30분은 훌쩍 가버리지.

왜, 여성들은 이렇게 공들여서 자신을 꾸미고 가꾸어야 하지? 정말 여성들의 본능이어서 그런 걸까? 그렇지 않을 수도 있다고 생각하면 잘못이야? 외출하지 않고 집에만 있을 때에는 여자들도 한 시간씩 몸치장에 시간을 쓰지는 않잖아. 그렇다면 여자들의 꾸밈 노동은 자신을 위한 것이 아니라 타인의 시선을 위한 것일 수도 있지 않을까? 왜 유독 여성들은 타인의 시선을 신경 써야 하지?

이런 의문에 대해서 일부 남초 커뮤니티에서는 말하지.

"탈코르셋을 주상하는 여자들은 원래 못생겨서, 화장해도 예뻐 보이지 않아. 호박에 줄 긋는다고 수박 되는 거 아니잖아. 그러니 다 같이 화장하지 말자고 주장하는 거야. 예쁜 여자들이 화장해서 더 예뻐지는 게 질투 나서 참을 수 없는 거지. 이러나저러나 못생긴 것들이 탈코르셋 핑계로 화장도 안 하고 나대면 정말 역겨워."

끝까지 '페미는 곧 못생긴 여자'라고 우기는 거야. 이런 사람들에게 뭐라고 반론하든 답은 정해져 있어.

"페미는 못생겼다."

물론 여성들 중에도 탈코르셋 운동에 동조하지 않는 사람도 있어. 그들은 말하지.

"나는 누구에게 잘 보이려고 화장하는 게 아니야. 화장했을 때 더 예뻐진 내 모습을 보면서 더 당당해질 수 있어서 좋아. 탈코르셋 운동에 동조해야만 의식 있는 여자라고 생각하면서, 기존의 여성스러운 아름다움을 추구하는 사람들을 무슨 노예근성에 찌든 사람처럼 취급하는 그런 페미니스트들이 부담스러워."

물론 어떤 주장을 하든, 일방적으로 자신의 생각을 다른 사람에게 강요해서는 안 돼. 하지만 내가 동조하지 않는 생각이라고 해서 그 생각이 틀렸다고 할 수는 없어. 생각이 다를 수도 있음을 우리는 늘 인정해야 하지. 화장을 하든 하지 않든 개인의 선택이니 존중해야 해. 화장을 하지 않을 권리만큼이나 화장을 할 권리도 중요하니까.

그렇지만 적어도 화장을 하든 하지 않든 그 선택은 자신의 의지에 따라야 하지 않을까? 우리 사회가 여성들에게 더 유난스러운 방식으로 아름다움을 강요하고 있다는 생각만큼은 동의할 수 있지 않을까?

인터넷 유머 사이트에서 떠도는 '세대별 남자들의 이상형'이 있는데 혹시 알아?

10대는 잘 노는 이쁜 여자

20대는 공부 잘하는 이쁜 여자

30대는 동안 외모인 이쁜 여자

40대는 집안일 잘하는 이쁜 여자

50대는 잔소리 안 하는 이쁜 여자

60대는 건강하고 오랫동안 함께할 수 있는 이쁜 여자

우스갯소리로 하는 말이지만, 마냥 웃어넘기기엔 뭔가 좀 찜찜하지 않아? 여자들도 잘생긴 남자를 좋아하지 않냐고? 물론, 그렇긴 해. 하지만 정도에 차이가 있다는 것은 다들 인정할 거야. 교실에서 대놓고 외모 품평을 하는 사람들도 대개는 남학생들이잖아. 그 어느 곳보다 살벌하게 외모 품평을 하는 곳이 바로 학교라는 말도 있어. 아니라고 자신 있게 말할 수 있어?

화장을 안 하면 안 한대로 '면상 치워라'라는 면박을 주고, 화장을 하면 화장을 한 대로, '가부키'냐며 놀리지는 않았는지 생각해 봐. 자기도 모르게 가수 지코의 〈boys and girls〉라는 노래를 들으며 '아름다운 여자는 대접받아야 한다'라는 가사를 흥얼거리지 않았는지 말이야.

물론, 요즘엔 남학생들에 대한 여학생들의 외모 품평도 만만치 않다는 것도 인정! 외모를 신경 쓰고 화장하는 남자들이 많아지고 있는 것도 인정! 남녀를 떠나 외모는 경쟁력이라며, 외모에 대한 압박이 갈수록 심해지고 있는 현실도 인정! 갈수록 여성으로, 혹은 남성으로, 혹은 남성도 여성도 아닌 '나'라는 한 사람으로 살아가기가 힘들어졌어.

음, 그런데 말이야. 또 한편으로 생각해 보면 '못생겼다'고 하는 말에 왜 화가 나야 하지? 못생기면 안 되나?

가부장제(家父長制)와
호주제

가부장제는 아버지(父)가 한집안의 가장 역할을 하는 제도야. 즉 남성 가장이 모든 가족 구성원들에 대해 절대적인 권리를 가지는 체제이지. 가부장제의 반대는 여성 가장이 한집안을 책임지는 가모장제라고 하겠지? 가부장적 사회에서는 집안의 중요한 결정을 남성 가장이 하고, 가족 구성원들은 가장의 결정을 따라야 해. 그래서 이런 사회를 부권 사회라고 해. 아버지(父)가 권력을 가진 사회이지.

부권 사회는 대부분 부계제 사회야. 가문의 혈통을 남자들이 잇는 사회를 말해. 부계 사회에서는 가문의 재산과 명의가 모두 남성 혈통으로 이어져. 자녀가 태어나면 아버지의 성을 따르는 것도 부계 사회의 전통 때문이야. 아버지가 죽으면, 그 집안의 가장은 아들이 되고, 아들이 재산을 물려받게 돼. 아들이 아무리 어려도 말이야.

잘 알다시피 우리나라도 전통적인 가부장제 사회였어. 가문의 대를 이을 수 있는 건 아들이었기 때문에, 자연스럽게 남아 선호 사상이 생겨났지. 조선 시대에는 '칠거지악'이라고 해서 결혼한 여성을 집안에서 내쫓을 수 있는 일곱 가지 악행을 정해 놓았는데, 그중 히나가 바로 '아들을 낳지 못하는 것'이었어. 아들을 못 낳으면 쫓겨나야 했던 거야. 이런 사회에서 여성은 '아들'을 생산하는 역할을 하는 데에 그 존재 의미가 있었어. '삼종지도'라는 말도 들어봤지? 여자는 어려서는 아버지를 따르고, 결혼해서는 남편을 따르고, 남편이 죽으면 아들의 뜻을 따라야 한다는 말이야. 이 말도 남성 중심적인 가부장제 사회의 모습을 고스란히 보여주는 말이지.

가부장제의 흔적을 고스란히 보여주는 제도가 바로 '호주제'야. 호주제는 한 가정의 주인이자 법적인 가장, 즉 '호주'를 중심으로 가족 구성원들의 출생·혼인·사망 등과 같은 신분의 변동을 기록하는 민법 제도야. 단순히 가족 관계 기록을 넘어 가족 구성원에 대한 각종 법적 권리를 호주가 가지는 제도였지. 2005년 이전의 드라마에는 있지만, 요즘 드라마에서는 찾을 수 없는 말이 있어.

  "호적에서 파버릴 거야."

말을 잘 듣지 않는 자식에게 호통치며 하는 말이었지. 2005년에 호주제는 위헌 판결을 받고 사라졌어. 전형적인 남녀 차별 조장법이라는 이유에서였지.

가부장제 사회에서 남성의 역할은 한 가정 안에만 머무르지 않았어. 사회의 정치적 권력, 도덕적 권위, 재산상 권리 등을 남성이 모두 차지했지. 철저하게 남성 중심으로 사회가 유지되었어. 아주 오랜 세월 동안 말이야.

왜 남자만 군대 가나요?

최근 들어 왜 남자만 군대에 가야 하느냐며 여자도 군대에 가야한다는 주장에 힘이 실리고 있어.

"장교로는 가면서 병사로는 못 간다는 게 말이 돼?"

우리나라에서 여자들은 부사관급 이상의 장교로만 복무하고 있는데, 일반 병사로는 왜 복무하지 못하느냐며 불만의 목소리가 커지고 있지. 어떤 이들은 남성에게만 병역의 의무를 지도록 한 현재의 병역법이 위헌이라며 헌법 소원을 내기도 했어. 헌법상의 평등권을 침해한다는 주장이지. 2010년, 2011년, 2014년에 이어 2023년까지 벌써 네 번째 헌법 소원이 청구되었어. 그러나 2023년 10월에 내려진 헌법 재판소 판결에서도 지금의 병역법은 합헌 판결을 받았어. '남녀의 신체적 차이가 있다는 것은 엄연한 사실이고, 남성만을 병역 의무자로 정하는 것이 최적의 전투력 유지를 위해서도 도움이 된다'는 주장에 손을 들어준 거지.

그래도 여전히 '왜 남자만 군대에 가야 하는가'에 대한 불만은 가라앉지 않고 있어. 젠더 갈등이 심해질수록 '여성 군복무'

에 대한 목소리는 더욱 커지고 있지. 이런 여론을 등에 업고 정치권에서도 여성 군복무를 주장하는 사람들이 있기도 해. 요즘 같은 저출생이 계속된다면, 앞으로 병역 인적 자원이 더욱 부족해지면서 여성 군복무의 필요성에 더욱 힘이 실리겠지.

분단국가인 우리나라에서 병역의 의무는 대한민국 남성이라면 누구나 져야 하는 신성한 의무였어. 그렇지만 개인과 국가 관계에 대한 인식이 점점 바뀌면서, 국가에 대한 의무만을 강요할 수는 없게 되었어. 병역의 의무를 다한 사람들에게 그만한 보상과 대우를 해주어야 한다고 여기게 되었어. 정부에서도 병사 월급을 올려주고, 군대 내 복지를 향상시키고, 군 경력을 인정해 주는 등 여러 방안들을 고민하고 있어.

그렇지만 청춘의 가장 빛나는 시기를 군대에 저당 잡혀야 하는 청년들은 그 어떤 보상도 충분하게 생각하지 않을 거야. 날이 갈수록 심각해지는 청년 실업 문제와 겹쳐서 더 억울하게 생각하는 것도 같아. 취업을 준비해야 하는 중요한 시기에 군복무를 해야 하니 조바심이 날 수밖에.

예전에는 병역의 의무에 대한 몇 안 되는 혜택 중에 공무원 시험 등에서 3~5% 정도의 가산점을 주는 이른바 '군 가산점 제도'가 있었어. 그런데 공무원 시험의 합격선이 나날이 높아지면서 3~5% 정도의 가산점이 합격에 절대적 위력을 발휘하게 되었지. 1988년 7급 국가 공무원 채용 결과를 보면, 합격자 가운데 72%가 군 가산점을 받았다고 해. 군 가산점 외에도 국가 유공자 등 다른 가산점도 있었기 때문에, 가산점 없이 합격한 사람은 전체의 6%에 불과했지.

이 때문에 군 가산점 제도가 직업 선택에 현저한 차별을 유발한다고 하여, 1999년 12월 헌법 재판소에서 위헌 판결을 내렸어. 군 가산점 제도가 폐지된 직후 2000년에 실시한 대구시 지방 공무원 시험에서는 합격자 7명 전원이 여성이었다고 해. 그동안 군 가산점 제도의 위력이 얼마나 컸는지 알 수 있지?

물론 이런 결과를 보며 군 가산점 제도 폐지가 부당하다고 주장하는 목소리도 동시에 커졌어. 군 가산점 제도가 폐지된 뒤에 공무원 시험에서 여성의 합격 비율이 절대적으로 높아진 이유가 무엇이겠느냐, 결국은 남자들이 군대에서 완전 군장을 하고 얼차려를 당하는 동안 여자들만 죽어라 열심히 공부했기 때문이 아니겠냐는 거지. 한창 취업을 준비하거나 공부해야 하는 시기에 군 복무로 공부가 단절되었는데 무엇으로 보상할 수 있겠느냐는 거야. 이런 말을 들으면 한편으로 남자들의 억울함도 조금은 이해할 수 있어.

군 복무 의무를 다한 사람에게 혜택을 주어야 한다는 주장에는 누구도 반대하지 않을 거야. 당연히 국가가 해줄 수 있는 최

대한의 보상을 해주어야 해. 국민에게 일방적인 의무만을 강요할 수는 없으니까 말이야. 그렇지만 그 혜택이 누군가에 대한 차별이 되어서는 안 되잖아? 군대에 갈 수 없는 여성이나 장애인에 대한 차별이 발생해서는 안 된다는 것이 '군 가산점 제도

폐지'의 논리야. 물론 이에 대해 반론을 제기하는 사람들은 말하지.

"여자에게도 군대 갈 기회를 주면 되는 것 아냐? 그것이야 말로 공평한 거지."

결국 군 가산점 제도 폐지는 '왜 남성만 군대에 가야 하는가' 에 대한 논란에 기름을 부은 셈이야. 'CIA World Factbook'에 따르면, 전 세계에서 남녀 구분 없이 군 복무를 하는 나라는 모두 15개국이라고 해. 모병제든 징병제든 상관없이 따졌을 때 말이야. 북한, 이스라엘을 비롯하여 에리트레아, 노르웨이, 스웨덴, 볼리비아, 베냉, 모잠비크, 모로코, 니제르, 수단, 카보베르데, 기니비사우, 세네갈, 차드 등 15개국이 남녀 불문 군 복무를 하고 있어.

"이미 많은 나라가 시행하고 있다."

이것이 여성의 군 복무를 주장하는 사람들이 내세우는 근거야. 그렇지만 전 세계의 국가 수가 UN 가입국 기준 193개, 여기에 바티칸 시국과 팔레스타인을 포함하면 195개라는 걸 생각해 봐. 해마다 전 세계의 군사력 순위를 매겨서 발표하는 미국의 군사력 평가 기관 글로벌 파이어파워(GFP)의 조사 대상국이 145개국인 걸 생각해 봐도 그래. 아직까지는 절대적으로 더 많은 나라에서 남성 중심의 군 복무제를 실시하고 있어.

이는 남성과 여성의 동일한 군 복무에 대해 부정적으로 생각하고 있는 나라가 더 많다는 뜻이기도 해. 남녀의 신체적 차이, 사회 문화적 차이, 복무 체계와 관리의 어려움, 전략적·정치적 문제 등을 고려했을 때 남녀 혼성 군대가 전력을 강화하는 데 도움이 되지 않는다고 판단한 나라가 훨씬 많다는 뜻이야.

여성의 군 복무를 주장하는 사람들은 겉으로는 '성평등'을 내세우고 있어. 성평등을 외칠 거면 모든 분야에서 평등해야 하는 거 아니냐면서 말이야. 그렇지만 모든 신체적, 사회적 차이를 무시하고 똑같이 대하는 것이 진정한 성평등일까? 무조건적이고 기계적인 평등이 진짜 평등한 것일지 고민이 필요해.

물론 분단국가라는 우리나라의 특수성과 기록적인 저출생으로 인한 병력 감소 문제 등을 고려할 때 머지않아 다른 선택을 해야 할 수도 있을 거야. 그렇지만 저출생으로 인한 병력 감소를 해소하려고 여성에게 군 복무를 하게 한다면, 군 복무와 출산이라는 이중 부담으로 인해 오히려 저출생이 심화되는 악순환이 생길 수도 있어.

여성 군 복무 문제를 논하기 전에, 군 복무 문제에 대한 논의의 본질을 고민할 필요가 있어. 특정 성별에 유리한가 불리한가가 본질은 아니잖아. 이 논의의 본질은 군 복무 의무에 대한 사회적 보상을 어떻게 강화할 것이며, 근본적으로는 징병제 문제를 어떻게 슬기롭게 해결할 것인가에 대한 고민이 아닐까? 괜히 젠더 갈등의 장에 군 복무 문제를 끌고 와서 문제의 본질을 흐리고 있는 것은 아닐까?

여성 할당제는
남성에 대한 역차별?

매년 3월 8일은 세계 여성의 날이야. 영국의 시사 주간지 〈이코노미스트〉가 세계 여성의 날을 맞아 발표한 2025년 '유리천장' 지수에서 우리나라는 OECD 선진국 29개국 가운데 28위를 기록했어. 그런데 2013년부터 실시한 이 조사에서 우리나라는 2024년까지 무려 12년 동안 매년 꼴찌였던 거 알아?

많은 사람들이 우리나라에 제도적인 성차별은 없다고 주장하며 양성평등을 위한 여러 제도나 정책에 대해 반대하고 있지만, 이런 발표를 보면 현실은 그렇지 않음을 알 수 있어. 제도적 성차별 자체를 부정하는 사람들은 당연히 성별 소득 격차도 부정해. '동일 노동 동일 임금'의 원칙이 법적으로 지켜지고 있는 우리나라에서 고용 직군이나 노동 시간 등을 고려하지 않고 같은 연령대 남녀의 급여 수준만을 단순 비교하는 것은 옳지 않다고 말하지.

"남자들이 더 많이 일하고 더 힘든 일을 하니까 소득이 더 많은 것은 당연해."

그렇다면 현실을 더 들여다볼까? 남성 중심의 조직 문화에서 여성은 단순히 업무 능력만으로 평가받기 힘들어. 아직까지도 육아나 가사 노동 비중이 여성에게 더 많잖아? 그로 인해 경력이 단절되거나 근무 시간을 조정할 수밖에 없었던 여성이 승진에 제약을 받는 것도 사실이고 말이야.

유리천장의 존재를 인정하며 나온 정책이 바로 '여성 할당제'야. 여성 할당제는 각 분야에 필요한 인원 가운데 일정 비율을 여성에게 할당해 성별 다양성을 확보하자는 취지에서 만들어졌어. 예를 들면 국회의원 비례 대표제에서 여성을 홀수 번호에 배치하는 제도가 있어. 여성 할당제의 필요성에 대한 목소리가 커지면서, 1996년에는 '여성 공무원 채용 목표제'라는 것이 생겼어. 여기에 더해 2020년에 일반 기업에서는 '여성 임원 할당제'라는 것을 실시하도록 하는 법률이 만들어졌지.

여기까지만 보면 여성 할당제로 인해 여성들이 엄청난 혜택을 받는 것처럼 보이지? 이런 의문이 들 거야.

'상대적으로 능력 있는 남자들이 우리 사회 곳곳에서 여성 할당제로 인해 역차별을 당하는 것 아냐?'

그렇다면 실제로 여성 할당제로 인해서 여성들이 많은 혜택을 받고 있을까? 사실 사기업은 이런 여성 할당제의 적용을 받지 않아. 오히려 여대 출신 지원자는 면접 대상에서 아예 제외한다는 어느 기업 채용 담당자의 글이 인터넷에 올라와서 논란이 되기도 했어.

여성 할당제가 가장 강력하게 지켜지는 국회의원 비례 대표 순번제를 살펴볼까? 전체 국회의원 300명 중에 20%인 비례 대표에만 적용되는 제도야. 결과는 어떨까? 여성 의원의 비율이 역대 최대라는 22대 국회에서조차 지역구 당선자 254명 중 여성 의원은 36명(14.17%)에 불과했어. 그나마 비례 대표에서 24명의 여성이 당선되어 여성 의원 비율이 전체 300명 중 60명, 겨우 전체의 20%가 되었지.

1996년에 시작된 여성 공무원 채용 목표제는 2003년 '양성평등 채용 목표제'로 이름이 바뀌었어. 이미 이름에서부터 '여성'만을 위한 제도라고 할 수 없겠지? 이 양성평등 채용 목표제는 각종 공무원 선발 시험에서 시험 단계별로 특정 성별의 선발 예정 인원이 최소 30% 이상이 되도록 일정 합격선에서 선발 예정 인원을 초과해 합격시키는 제도야. 누군가를 떨어뜨리는 것이 아니라 추가 합격시키는 것이니, 누군가 역차별을 당한다고 할 수 없어.

그런데도 이 제도의 혜택을 여성들이 독차지하고 있다고 말할 수 있을까? 인사혁신처에서 발표한 '2020 공공부문 균형인사 연차보고서'에 따르면, 2003년부터 2019년까지 양성평등 채용 목표제를 적용해 추가 합격한 인원은 지방직 공무원의 경우 남성이 1898명, 여성이 1317명으로 남성이 581명 많다고 해. 국가직 공무원의 경우도 2015년을 기점으로 남성 추가 합격자가 여성 합격자보다 많아져서 지난 5년간 국가직 공무원 남성 추가 합격자는 여성보다 36명이 많아.

일반 기업에서 도입한 여성 임원 할당제도 한번 살펴볼까? 이 제도에는 국내 상장 법인 이사회의 이사 전원을 특정 성으로 구성하지 않아야 한다고 되어 있어. 전체 이사 중 여성 또는 남성이 1명 이상만 있으면 되는 거야. 기업 경영 성과 평가 사이트인 'CEO 스코어'가 발표한 자료에 따르면, 2024년 9월 기준 자산 총액 2조 원 이상 상장사 196곳 중 여성 등기임원 비율은 전체 임원의 16.1%에 불과해. 그마저도 여성 임원의 92%는 사내 이사가 아닌 사외이사라고 하니, 그야말로 구색 맞추기로 한두 명 끼워놓았다는 걸 알 수 있지.

제대로 된 여성 할당제가 실시되고 있다고 말하기도 민망한 수준이야. 현실이 이런데도 '여성 할당제 폐지'를 두고 사회적 갈등을 부추기며 논란의 대상으로 만들 필요가 있을까?

페미니즘의
갈래

'페미니즘'의 정의를 사전에서 찾으면 '성별로 인해 발생하는
정치·경제·사회·문화적 차별을 없애야 한다는 견해'라고 되어 있어.
그렇지만 시대와 사회의 변화에 따라 조금씩 주장이 달라졌어.
'자유주의 페미니즘'은 1789년 프랑스 대혁명 시기에서 출발하여
1850년대 미국과 영국에서 시작된 페미니즘 운동이야. 흔히 1세대
페미니즘이라고 하지. 여성을 남성과 동등한 인격체로 인정해 달라고
주장하며, 여성에게도 남성과 동등한 교육의 기회와 정치적 권리, 즉
참정권을 보장하라고 외쳤어.

'급진적 페미니즘'은 1960년대에 등장했고, '2세대 페미니즘'이라고도
불려. 이들은 사회 제도나 법을 개혁한들 여성을 억압하는 사회를 바꿀
수는 없다고 생각했어. 여성의 성 역할에 대한 근본적인 사회 변혁이
필요하다고 외쳤지. 이들은 여성의 생물학적인 성 정체성에서 오는
'임신과 출산, 양육' 등을 여성을 억압하는 주요 요인이라고 보고, 출산과
양육에 대해 여성이 스스로 결정권을 가져야 한다고 주장했어.

'문화적 페미니즘'은 생물학적 성性으로서 여성의 특성을 긍정적인

2025년 3월 8일 멕시코시티, 세계 여성의 날을 맞아 행진하는 시위자들.

자원으로 본다는 점에서 기존의 주장과 차별성이 있어. 자연 친화적인
특성과 연민, 온화함 등이 전통적인 여성의 특성인데, 이러한 점이 남성에
비해 우월하다고 주장했지. 1세대 페미니즘이 남성과 등등한 기회 보장을
통해 기존의 남성 중심 사회에 여성이 편입해야 한다고 주장했다면,
문화적 페미니즘은 남성 중심의 기존 사회를 여성적 가치와 특성으로
새롭게 만들어야 한다고 주장했어.

'마르크스주의 페미니즘'은 계급 사회의 출현으로 여성의 억압이 시작되었다고 주장해. 그래서 자본주의 착취 구조를 해체해야 여성 해방과 성평등이 가능하다고 생각했어. 그렇지만 자본주의 사회가 생기기 훨씬 전부터 가부장적 사회 속에서 여성 억압과 불평등이 지속되어 왔다는 점에서 비판을 받았지.

'사회주의 페미니즘'은 가부장적 질서를 먼저 무너뜨려야 자본주의 사회의 모순도 해결할 수 있다고 생각했어. 여성이 억압받는 것은 단순히 자본주의 사회의 모순뿐만 아니라 가부장제 사이의 복잡한 상호 작용 때문이라고 생각했거든.

'에코 페미니즘'은 1970년대 서유럽에서 처음 등장한 생태 여성주의 운동을 말해. 그동안 남성 중심수의 사회는 자연을 폭력적인 방식으로 지배했고, 그와 동일한 방식으로 여성을 지배해 왔다고 보았어. 남성 중심의 지배는 전쟁과 학살, 자연 파괴, 환경 오염 등과 같은 부정적 결과를 초래했다며 비판했지. 이런 재난적 상황을 극복하기 위해서는 물질 중심, 차별 중심의 남성적 세계관을 거부하고 여성적 감성과 부드러움, 공존과 배려, 비폭력적인 삶의 태도를 통해 세상을 바꾸어야 한다고 주장했어.

2

'여자'라는 이름으로,
'남자'라는 이름으로

성차별의 역사

"여자들은 맨날 자기들끼리 질투나 하고 사소한 일로 싸우기나 해. 그리고 게으르고 거짓말쟁이에다 나약해 빠졌어."

만약 요즘에 정치인이나 연예인이 대놓고 이런 말을 한다면 어떨까? 아마도 그 사람의 SNS 계정은 폭파되고 말 거야. 그런데 예전에는 이런 말을 대놓고 했어. 이 말은 바로 고대 그리스 철학자 '아리스토텔레스'가 한 말이거든. 아리스토텔레스는 여성이 남성보다 본질적으로 열등하기 때문에 남성의 지배를 받아야 한다고 말했어.

근대 민주주의 발전에 기여했다고 추앙받는 '장 자크 루소'도 말했지.

> "여성에게는 추상적이고 이론적인 진리를 파헤칠 재능이 없다. 그러니 남성이 공직에 나가 일할 수 있도록 여성은 남자들의 옷을 바느질하고 집안일을 도맡아 해야 한다."

루소는 '모든 인류는 평등하다'라고 말했지만, 그 '모든 인류'에 여성은 포함되지 않았던 모양이야. 루소는 남성과 여성은 생물학적인 차이가 있고, 서로의 모자란 부분을 보충해 주는 '상보적' 관계라고 말했는데, 출산과 육아야말로 여성이 남성을 보완해 주는 일이라고 했어.

마르타 브렌은 《가부장제 깨부수기》라는 책에서 역사상 최악의 성차별주의자로 아리스토텔레스를 1위, 루소를 2위로 꼽았어. 하지만 여성이 남성보다 열등하다고 생각한 사람은 이들뿐만이 아니야. 그 시작이 언제였는지도 모를 정도로 인류의 역사에서 오랫동안 굳어져 왔던 생각이지. 인류의 역사에서 이런 성차별이 있었다는 사실을 부정하는 사람은 거의 없을 거야. 오늘날 그 성차별이 사라졌는지, 아니면 우리 사회 곳곳에 남아 있는지에 대해 관점의 차이가 있을 뿐이지.

성차별은 기본적으로 '여성이 남성보다 열등하다'라는 생각에서 시작해. 아리스토텔레스나 루소처럼 말이야. 서구 문화의 바탕이 된《성경》책에서도 여성은 남성의 갈비뼈 하나를 빼서 만들었고, 인간의 모든 불행은 태초의 여인 하와가 뱀의 꼬임에 넘어가 선악과를 따 먹음으로써 시작되었다고 말하고 있지. 여성은 늘 불길하고 열등한 존재로 생각되었어.

《만화로 보는 성차별의 역사》라는 책에서 도로테 베르네르는 성별 불평등의 시작은 남녀의 신체적 차이에서 비롯되었는데, 특히 '임신과 출산'이 막대한 영향을 미쳤다고 말했어. 선사시대에 여성은 주기적으로 흘리는 피 냄새 때문에 동물들에게 쉽게 들키는 존재였어. 그래서 사냥할 때 동굴에 남아 있게 되었대. 임신한 여성도 마찬가지였고. 임신으로 몸이 무거워지면 사냥하며 뛰어다닐 수 없었을 테니까. 게다가 예전에는 임신이 오로지 남성의 능력에 달렸다고 믿었어. 정자와 난자가 만나야 임신이 된다는 사실을 세상 사람들이 알게 된 때는 1875년 이후라고 해. 그동안은 늘 인간이라는 종족의 유지와 번성에 남성의 역할이 절대적이라고 믿어왔지. 이것이 가부장제의 출발이라고 할 수 있어.

가부장적 사회에서 남성들은 남녀의 역할을 남성의 기준으로 나누었어. 여성들은 집안일을 하고, 남성들은 바깥일을 했지. 공동체를 다스리고 조직하는 일은 남성들의 일이 되었어. 그렇게 인류의 삶에 영향을 미친 모든 법전과 종교 경전은 남자에 의해서 남자의 시각으로 쓰였고, 여성들은 남자들이 만든 법에 의해 재판받고 처벌받아야 했지.

모든 법률과 관습에 여성들의 목소리가 반영되지 않았으니, 그 속에서 여성의 권리를 찾을 수도 없었겠지? 그러니 성차별 철폐를 외치는 여성들의 목소리가 자연스럽게 '참정권' 요구로 이어질 수밖에 없었던 거야.

> "여성이 단두대에 오를 권리가 있다면 연단에 오를 권리도 있다."

프랑스의 여성 운동가이자 극작가인 '올랭프 드 구주'가 한 말이야. 남성들이 만든 법에 의해 여성이 처벌받아야 한다면, 당연히 법을 만드는 데에도 여성이 참여할 수 있어야 한다는 것이 구주의 주장이었어.

1789년에 일어난 프랑스 대혁명은 근대 시민 사회의 출발로 평가받고 있어. '모든 인간은 평등하다'라고 외쳤던 프랑스 대

프랑스 파리 국회 의사당에
있는 올랭프 드 구주 흉상.

혁명의 성공으로 모든 '남성'은 참정권을 갖게 되었지. 중요한
것은 모든 '남성'의 참정권만 보장되었다는 거야. 함께 참여했
던 절반의 시민들, '여성'에겐 참정권이 허용되지 않았어.

누구보다도 열심히 혁명에 참여했던 올랭프 드 구주는 이러
한 부조리에 힝기하며, '여성과 여성 시민의 권리 선언'을 발표
했어. 프랑스 대혁명의 선언문인 '인민과 시민의 권리 선언'에
서 '인민'과 '시민'이라는 말을 '여성'과 '여성 시민'이라는 말로
바꾸어 발표한 거야. 이 선언문 제10조에서 구주는 여성이 연단
에 오를 권리를 주장했지.

이런 주장을 한 올랭프 드 구주는 어떻게 되었을까? 프랑스 대혁명의 지도자 중 한 사람인 '피에르 가스파르 쇼메트'는 구주의 주장을 조롱했어.

> "의회에서 연설하겠다며 경건한 가사와 양육의 의무를 포기하는 것은 남자가 되고자 하는 건방진 일이다."

결국 구주는 여성의 덕성을 지키지 못했다는 죄목, 요즘 말로 하면 '여자가 함부로 나댔다는 죄목'으로 단두대에서 목이 잘렸어.

세계에서 가장 먼저 여성의 참정권을 인정한 나라는 영국의 식민지였던 뉴질랜드였어. 1893년에 여성의 참정권이 법적으로 인정되었지. 실제로 여성이 투표에 참여한 것은 그로부터 30년이 더 지나서였지만. 그럼 가장 마지막으로 여성의 참정권을 인정한 나라는 어디일까? 바로 '사우디아라비아'야. 2011년에 와서야 여성 참정권이 인정되었고, 그나마도 2015년이 되어서야 실제로 여성이 투표에 참여할 수 있었다고 해. 1870년에 흑인 남성의 참정권을 인정했던 미국조차도 정작 여성의 참정권은 1920년이 되어서야 인정했다는 거 아니?

요즘 사람들이 생각하기에는 너무나 당연한 권리인데도 그

1912년, 뉴욕에서 열린 여성 참정권 운동에 참가한 여성들.

것이 모든 나라에서 당연하게 받아들여지는 데에 100년이 넘
게 걸렸어. 한 번 고정관념으로 굳어지면 바뀌기가 얼마나 힘든
지 알겠지?

제도적인 성차별이 사라졌으니 우리 사회에서 성차별은 없

다고 주장하는 사람들이 있지. 그러나 법이나 제도가 개선되었다고 해서 수천 년 동안 관습적으로 우리에게 내재되어 있던 성차별의 역사가 하루아침에 완전히 사라질 수 있을까? 동서양을 막론하고 너무나도 굳건하게 이어졌는데 말이지. 노예 제도는 사라졌지만, 인종 차별 문제는 전 세계 곳곳에서 여전히 사회 문제가 되고 있잖아?

디폴트는 언제나 '남성'

'여직원, 여교사, 여의사, 여기자, 여검사, 여군, 여경….'

우리가 일상생활에서 자연스럽게 사용하는 말들이야. 그럼, 반대로 한번 말해 볼까?

'남직원, 남교사, 남의사, 남기자, 남검사, 남군, 남경….'

어딘가 어감이 좀 이상하지 않아? '여중', '여고'라는 말은 어때? 요즘은 남녀 공학이 대세이긴 하지만 아직도 여중, 여고 혹은 남중, 남고가 남아 있어. 그런데 '○○여자중학교', '○○여자고등학교'라는 이름은 익숙하지만, '○○남자중학교', '○○ 남자고등학교'라는 교명을 들어보지 못했을 거야. 남학생만 다 니는 학교는 그냥 '○○중학교, ○○고등학교'라고 하니까.

이런 식의 호칭이 너무나 자연스럽게 여겨지는 이유는 무의 식적으로 우리가 '남성'을 디폴트 값, 즉 기본 값으로 두기 때문 이야. 우리 사회 대부분의 영역에서 말이야.

'워킹맘'이라는 단어도 한번 생각해 봐. 일하는 엄마라는 뜻 인데, 이에 대응하는 말로 '워킹대디'라는 말을 써? 아니잖아. '워킹맘'에 대응하는 말로 떠오르는 건 '전업주부'야. 그런데 '워 킹맘'이 '일하는 엄마'라는 뜻이면, '전업주부'는 '일하지 않는 엄마'가 되는 건가? 전업주부는 가족을 위해 무급으로 노동하 는 사람이지 일을 하지 않는 사람이 아니잖아. 어떤 부분에서는 더 많은 일을 하기도 해. 그런데 워킹맘이라는 말을 쓰다 보면, 전업주부는 일하지 않는 사람이라는 생각이 들게 돼. 자기도 모 르게 가사 노동은 별로 가치 없고 의미 없는 일인 것처럼 생각 하기 때문이지.

'워킹맘'이라는 말이 생긴 이유 역시, 유급 노동 시장에서 일 하는 사람은 '남성'이라는 것을 기본 값으로 두었기 때문이야. 남성이 유급 노동을 하는 것이 기본 값이니, 굳이 '워킹대디' 같 은 말이 필요가 없는 거지.

영국의 여성 운동가 캐럴라인 크리아도 페레스가 쓴 《보이지 않는 여자들》이라는 책에는 우리 사회에서 남성을 기본 값으로 하고 있는 곳이 얼마나 많은지 구체적인 사례가 나와. 그로 인해 여성들이 어떤 일들을 감당해야 하는지도 말이야. 이 책에 소개된 사례를 몇 가지만 볼까?

"피아노 건반에도 성차별이 있다."

누군가 이렇게 외친다면 어떨 것 같아? 피아니스트 '크리스토퍼 도니슨'은 손이 남자의 평균보다 훨씬 작아서 피아노를 칠 때 애를 먹었대. 남자인 도니슨이 그랬다면 다른 여성 피아니스트들은 어땠을까? 여성 피아니스트 대부분은 같은 연령대의 남성에 비해 손이 작겠지? 여성 피아니스트들은 도니슨과 같은 생각을 하지 않았을까? '어째서 전 세계 피아노 건반 사이즈는 똑같을까?' 하고 말이야.

피아노 표준 건반의 길이는 전체 122cm인데, 이 길이는 평균적인 남성의 손 크기에 맞춰져 있다고 해. 평균적인 여성의 손은 한 뼘의 길이가 18~20cm인데, 여성 대부분에게 표준 건반의 폭은 너무 넓어. 2015년에 어느 연구에서 성인 피아니스트 473명을 대상으로 손 한 뼘의 길이와 피아니스트로서 그들의 명성을 비교해 보았어. 예상대로 손 크기와 명성 수준에 유의미한 관계가 있었다고 해. 세계적으로 유명한 피아니스트 12명은 한 뼘의 길이가 모두 22.4cm 이상이었고, 그중 상위 그룹에 속하는 여성 피아니스트 두 명은 각각 23cm, 24cm였다고 해.

물론 피아노의 시인이라 불리는 쇼팽은 7세 때 공개 연주회를 했고, 피아니스트 이희아는 한 손에 손가락이 두 개씩밖에 없어도 어렵기로 소문난 쇼팽의 〈즉흥 환상곡〉을 연주해서 우리에게 감동을 선사했지. 이처럼 손의 크기와 실력이 반드시 비례한다고 할 수는 없어.

새삼 피아노 건반 사이즈를 다양화하자고 주장하려는 게 아니야. 그동안 우리는 피아노 사이즈가 하나라는 사실을 너무나 당연하게 받아들이면서, 왜 성인 남성의 평균 손 크기가 표준이 되어야 하는지는 단 한 번도 의문을 품지 않았어. 적어도 평균 남성의 손 사이즈에 맞는 피아노를 연주하기 위해 어린이들뿐만 아니라 여성들이 성인 남성들보다 훨씬 더 많이 노력해야 한다는 사실쯤은 생각해 보자는 거지. 손이 표준 성인 남자보다 작아서 '타고난 천재성이나 피나는 노력'을 통해서만 성공해야 한다면 어딘가 불공평하지 않아?

《보이지 않는 여자들》이라는 책에서 또 하나 재미있는 사례를 소개했어. '눈 치우는 순서'가 결과적으로 특정 집단, 즉 여성이나 노인에게 불리할 수 있다는 내용이야. 눈 치우는 순서조차 성차별적이라니 뜬금없겠지만 잘 들어봐. 밤사이 눈이 많이 오면, 지자체는 서둘러 눈을 치우지. 보통은 큰 도로에 쌓인 눈부터 치워. 출근에 지장을 주면 안 되니까. 인도나 주택가의 눈을 먼저 치우는 경우는 별로 없어.

이 책에서 소개한 스웨덴의 도시 칼스코가의 사례를 한 번

볼까? 칼스코가에서 진행한 어느 연구에서는 눈이 온 다음 날, 눈에 미끄러져 다치는 사고가 도로보다 인도에서 더 많이 일어나는데, 그런 사고를 당하는 사람은 여성이 훨씬 많다는 사실을 알아냈어. 남자들은 보통 자가용을 이용해서 회사와 집으로 단순 이동하는 경우가 많지만, 여자들은 남자들보다 동선이 훨씬 복잡했기 때문이지. 어린이집이나 마트에 들러서 퇴근하는 경우가 많거든. 그러니, 눈이 온 다음 날 인도에서 낙상 사고를 당할 확률은 남성보다 여성이 훨씬 높았지.

이 조사 결과를 보고 칼스코가 시의원들은 제설 작업 순서를 바꿨어. 자동차보다 보행자와 대중교통 이용자를 우선으로 눈을 치웠지. 결과는 어땠을까? 겨울철 눈으로 인한 안전사고가 눈에 띄게 줄었다고 해. 큰 도로를 먼저 제설하자고 결정한 사람들이 성차별적인 의도를 가졌던 걸까? 아닐 거야. 그저 그 결정을 한 사람들이 남자였고, 그저 자신들의 입장에서 결정했을 뿐이겠지.

물론, 우리나라처럼 인구 밀도가 높고, 매일 아침 도시 외곽에서 도시 중심부를 오가는 교통량이 엄청나게 많은 곳에서 칼스코가의 사례를 그대로 적용할 수는 없어. 하지만 어떤 정책을 정할 때, 특정 성별이나 특정 계층을 소외하지 않는 의사 결정이 필요하다는 생각을 해 볼 수는 있겠지? 전혀 의도치 않았지

BEFORE

AFTER

만, 무심코 놓치는 일들이 없도록 우리 모두가 좀 더 '예민'해지면 어떨까.

자동차 사고를 당했을 때 남성과 여성 중 누가 더 많이 다칠까? 단순히 수치로만 놓고 봤을 때는 남성들이 자동차 사고를 당할 가능성이 더 높다고 해. 실제로 자동차 사고 중상자의 대부분이 남성이기도 하고. 아무래도 남성이 자동차를 더 많이 타고, 운전을 더 과격하게 하기 때문일 거야.

그런데 일단 자동차 사고를 당한 경우만 놓고 본다면 중상을 입을 확률은 여자가 남자보다 47% 높고, 사망할 확률도 17%나 높다고 해. 자동차 설계나 충돌 시험이 남성을 기준으로 이루어졌기 때문이지. 남성을 기준으로 설계된 자동차의 운전대는 보통의 여성들에게는 멀게 느껴져. 그래서 운전할 때 여성들은 좌석을 운전대에 더 바짝 당겨서 앉게 되지. 그러니 사고가 났을 때 다칠 확률이 더 높아지겠지.

사람들은 너무나 당연하다고 생각하는 것들은 굳이 말하지 않아. 남자들은 굳이 자신이 남자라는 사실을 강조하고 내세울 필요가 없어. 그것이 바로 기본 값이니 말이야. 우리 사회가 '남성'을 기본으로 세팅했으니, 남성임을 드러내거나 남성이어서 불편하다고 말할 일이 별로 없지. 그렇지만 기본 값에서 벗어난 여성에겐 뭔가 불편하고 어려운 일이 생길 거야. 그래서 끊임없이 여성임을 드러낼 수밖에 없고, 무언가 불편함을 호소하는 거야. 하지만 이를 이해하지 못하는 사람들은 여성들이 '유난을 떠는 것처럼' 여기며 말하지.

> "페미니스트는 세상을 너무 편협하게 보는 것 같아. 늘 자기 기준에서만 생각하지. 인류의 보편적 인권에 대해서 말하면 될 것을, 늘 '여성의 권리'만 따로 떼어놓고 특별하다고 외치니까 욕을 먹는 거야."

이렇게 생각하는 사람들은 늘 자신이 세상을 보편적이고 합리적으로 바라본다고 생각해. 페미니스트가 아니라 인류의 보편적 권리를 주장하는 '휴머니스트'가 되어야 한다고도 생각하지. 그렇지만 남성이 기본 값인 세상에서 '휴먼'은 이미 남성을 전제로 하고 있다는 사실을 미처 깨닫지 못한 것은 아닐까? '보편적'이라는 말 자체에 이미 '남성적 시각'이 들어 있다는 사실을 모른 채, 자신 역시 '남성'을 기본 값으로 설정한 작은 우물 속에서 하늘을 바라보고 있음을 말이야. 그 작은 우물 속에서 바라본 페미니즘은 늘 유난스럽고 이데올로기에 치우친 '더러운 말'일 수밖에 없겠지.

바깥양반과 안사람은
아직도 안녕하신지?

매운 계절의 채찍에 갈겨
마침내 북방으로 휩쓸려오다.

하늘도 그만 지쳐 끝난 고원
서릿발 칼날진 그 위에 서다.
-이육사 〈절정〉 중에서

산모퉁이를 돌아 논 가 외딴 우물을 홀로 찾아가선 가만
히 들여다 봅니다.

우물 속에는 달이 밝고 구름이 흐르고 하늘이 펼치고 파
아란 바람이 불고 가을이 있습니다.
-윤동주 〈자화상〉 중에서

일제강점기 대표적인 저항 시인, 이육사와 윤동주의 시 일부
를 잠깐 소개했어. 두 사람 시에서 차이가 느껴져? 느낌적인 느

낌 말이야. 두 사람의 시는 종종 '어조'를 비교하며 소개가 됐어. 이육사의 시는 강인하고 의지적이며 '남성적 어조'인데, 윤동주의 시는 자기 고백적이고 반성적이며 '여성적 어조'라고 가르쳤지. 여러분도 '강인하고 의지적'이면 남성적이고, '자기 고백적이고 반성적'이면 여성적이라고 느껴져?

나 보기가 역겨워
가실 때에는
말없이 고이 보내드리우리다.

영변에 약산
진달래꽃
아름 따다 가실 길에 뿌리우리다.

가시는 걸음 걸음
놓인 그 꽃을
사뿐히 즈려밟고 가시옵소서.
-김소월 〈진달래꽃〉 중에서

우리나라에서 가장 유명한 시 중 하나인 김소월의 〈진달래꽃〉 일부야. 시적 화자가 이별에 대해 소극적이고 자기희생적 태도를 보인다고 배웠을 거야. 김소월은 '여성적 어조'를 가진 대표적인 시인이라고도 배웠겠지. 전통적 '한'의 정서를 효과적으로 표현하기 위해서 남성인 시인이 여성 화자의 목소리를 빌려왔다고 말이야.

우리는 그동안 '강인하고 의지적'이면 '남성적', '자기희생적이고 소극적'이면 '여성적'이라고 너무도 당연하게 받아들였던 것 같아. '남자는 강해야 한다'는 생각이 고정관념으로 뿌리 깊게 박혔던 거지. 성에 대한 이런 고정관념을 깨자고 외치지만, 하루아침에 될 것 같지는 않아.

남자는 강해야 한다는 고정관념은 남성에게도 스트레스가 되고 있어. 서울시 여성가족재단에서 2022년에 연구한 자료에 의하면 성 역할 고정관념이 강한 사회일수록 남성들의 우울감이 더 높다고 해. 가족의 생계를 책임져야 한다는 부담감과 약한 모습을 보여서는 안 된다는 강박감이 남성을 우울하게 만드는 거야. 스스로 강해야 한다고 생각하다 보니, 남자늘은 자연스럽게 어려서부터 자신의 나약함에 스트레스를 받고 자라게 돼. 남자아이가 울기라도 하면 위로는커녕 비난을 듣는다고 생각해 봐.

"사내자식이 나약해 빠졌어."

감정이 억압되면, 결국 그 억압된 감정은 분노로 표출되거나 자신의 나약함을 숨기기 위해 공격성을 드러낸다는 주장도 있어. 그리고 그런 공격성은 같은 남성에게 향하기보다, 자신보다 약한 존재라고 생각되는 여성이나 노인, 어린이를 향하게 된다는 것이 문제야.

평균적으로 봤을 때, 남성이 여성보다 더 크고, 더 힘이 센 것은 부정할 수 없는 사실이야. 이 사실이 성 역할을 나누고, 그 역할에 대한 고정관념을 만들어냈다는 사실도 부정할 수는 없어. 가부장적 질서에서 성 역할은 남자는 바깥에서 일하고, 여자는 집에서 살림하고 아이를 양육하는 일이 가장 전통적이었지. 우리나라에서도 옛날에 남편은 '바깥양반', 아내는 '안사람'이라고 불렀잖아. 성 역할 때문에 생긴 말이야.

인류의 역사를 거슬러 올라가서, 수렵 채집을 하던 사회에서도 남자들은 '바깥일'인 사냥을 주로 하고, 여자들은 채집 활동을 주로 담당했어. 그런데 사냥은 성공률이 높지 않았어. 번번이 실패하고 빈손으로 돌아오기 일쑤였지. 그렇지만 채집 활동은 늘 안정적인 결과물을 가져왔어. 결국 인류가 굶어 죽지 않은 것은 채집 활동 덕이 컸지. 여성의 주요 역할은 집안일이 아니라, 채집 활동이었어. 그런데도 사냥이 가치 있는 일처럼 여겨졌고, 사냥하는 남성이 더 대접받았던 거야. 사냥을 통해서 귀한 단백질이 공급되었다는 이유로 말이야.

농경 사회에서도 여성은 '놀고먹지' 않았어. 소를 이용해 쟁기질하는 일은 남자가 주로 했지만, 모내기나 밭매기는 늘 여성들 일이었으니까. 그런데도 하루 종일 함께 들에서 일하고 들어와서 아이에게 젖을 먹이고 끼니를 준비해야 하는 사람은 여성이었지.

근대로 오면서 남녀의 역할이 좀 더 확실히 구분되기 시작했어. 급격한 산업회로 공장이 생겨나고 여러 종류의 기업들이 생겨나면서 '고용주'들은 노동자들이 오로지 직장에만 전념하기를 바랐어. 그래야 생산성을 높일 수 있다고 믿었으니까. 그러려면 누군가 집안일을 하고 아이를 양육하는 일을 맡아주어야 했지. 직장이 제대로 굴러가고 한 가정이 제대로 굴러가려면 가사 노동과 육아는 절대적으로 필요한 일이야. 그래야 소위 '바깥'에서 일하는 사람들이 오로지 직장에 헌신할 수 있으니까. 이런 전통적인 직업 세계에서 한 사람은 오로지 직장에 헌신하고, 그 사람을 위해 누군가는 가정을 책임져야 했겠지? 자연스럽게 분업이 이루어졌어.

문제는 그 분업을 결정하는 기준이 '성'이었다는 거야. 그렇게 '성 역할'이 고정되어 버렸던 거지. '가사 노동과 육아'는 여성의 일이 되어버렸어. 원래도 그랬지만 말이야. 어떤 면에서 가사 노동과 육아에만 전념할 수 있게 된 여성들은 그나마 운이 좋았다고도 할 수 있어. 경제적으로 어려운 계층의 여성 대부분은 하루 종일 공장에서 일하고 집에 와서도 여전히 집안일을 해야 했으니까.

일하고 받은 '봉급'으로 가정 경제가 굴러가면서 자연스럽게 노동의 의미는 '유급 노동'과 '무급 노동'으로 구분되었어. 봉급을 받지 않는 무급 노동은 가치 없는 일로 취급받게 되었지. 가사 노동과 육아의 가치를 인정해 주지 않았기 때문이야.

여성의 사회 진출이 활발해진 요즘도 그래. 여전히 가사 노동과 육아의 주체는 여성이라는 인식이 강해. 요즘 젊은 아빠들은 육아에 적극적으로 참여하고 있지만, 아직도 많은 아빠들이 그저 '도와준다'고 생각하는 것도 그 때문이지. 가사 노동과 육아의 주체가 어느 '성'에게 일방적으로 강요되어서는 안 된다는 데 사회적 합의가 이루어지고 있지만 현실은 아직도 멀었어.

무급 노동의 가치를 인정하고, 노동자가 직장 일과 가정에서의 무급 노동을 자연스럽게 병행할 수 있도록 기존의 직장 문화를 바꾸는 것도 중요해. 일과 삶의 균형을 뜻하는 '워라밸'이라는 신조어도 직장 일을 열심히 하는 것만이 가치 있다고 인정하

고, 그렇게 살기를 강요하는 사회 분위기에 대한 저항으로 생긴 말이잖아. 기계의 부품처럼 늘 일만 하면서 살 수 없다는 외침 이기도 해.

지금까지 많은 직장에서 상대적으로 남성을 선호했던 이유도 여성은 가사와 육아에 매여 직장에 온전히 집중할 수 없다고 여겼기 때문이야. 야간 근무를 밥 먹듯 해야 하는 회사 분위기가 문제지, 퇴근 후 육아를 위해 곧장 집으로 달려가는 사람이 문제라고 할 수 없는데 말이야. 그리고 왜 매번 육아를 위해 달려가야 하는 사람은 엄마여야 하는지도 생각해 봤어? 직장 내의 보이지 않는 '유리천장'도 결국은 '여성은 집안일 때문에 회사에 온전히 집중하지 못한다'는 편견, 그리고 실제로 출산과 육아로 인한 경력 단절 등이 중요한 원인 중 하나임은 분명해.

남자가 여자보다 코가 큰 이유는?

일반적으로 남성의 코가 여성의 코보다 약 10% 정도 더 크다고 해. 미국 아이오와 대학교 연구팀에서 발표한 자료를 보면 남성의 코가 여성보다 큰 이유는 남성의 근육량이 여성보다 많기 때문이래. 근육 세포를 유지하고 성장하게 하려면 산소가 필요하기 때문이지. 근육량이 많은 남성은 여성보다 더 많은 산소가 필요하겠지? 그래서 남성은 여성보다 더 큰 코를 가지게 되었다는 거야. 이 차이는 사춘기가 시작되는 11세부터 눈에 띄게 나타난대. 동일한 신체 크기를 가진 남녀를 비교해도 남자의 코가 더 크다고 해.

근육량이 많은 사람이 더 힘이 센 사실을 부정할 수는 없어. 힘이 더 세다는 것을 근거로 남성이 여성보다 우월하다고 여기는 사람도 있어. 하지만 힘이 더 센 존재가 우월하다면, 인간보다 오랑우탄이 더 우월한 존재라고 해도 할 말이 없겠지? 오랑우탄은 인간보다 약 4배나 힘이 세다고 하니 말이야.

성평등을 주장하려면 남녀 간의 신체적 차이도 인정하지 말아야 한다고 말하는 사람도 있어. 신체적 차이를 빌미로 대접받으려는 행동은 여성에게

한국 국제 마라톤 대회에서 뛰고 있는 사람들. (2024년 3월 16일) 올림픽에서 여자 마라톤이 열린 건 1984년부터였다. 여자는 신체적으로 마라톤을 뛰기에 적합하지 않다는 이유 때문이었다.

유리할 때만 성평등을 내세우는 '뷔페니즘' 아니냐면서 말이야. 이들은 성평등을 주장하려면 남녀의 신체적 차이를 아예 무시하고 기계적으로 똑같이 대해야 한다고 주장해. 페미니즘을 주장하는 사람들 중에서도 신체적 차이를 인정하면 남성 우월주의의 빌미가 되기 때문에 신체적 차이 자체도 인정하지 말아야 한다고 말하는 이들도 있어.

다만, 여기서 말하는 남녀의 신체적 차이는 평균적인 값이 그렇다는 거야. 여성 중에도 근육이 잘 발달한 사람이 있을 테고, 남성 중에서도 근육이

발달하지 않은 사람이 있을 테니까 말이야. 평균값으로 모든 것을 규정할
수는 없어. 성별에 따른 신체적 차이를 과도하게 해석해서도 안 되겠지만,
개개인이 가진 신체적 차이를 완전히 부정할 수도 없지 않을까?
신체적 차이를 구분하는 기준을 성별로만 한정하는 것은 문제가 있다는
지적도 한편으로는 일리가 있어. 인간은 모든 것을 어떤 기준에 따라
구분하고 범주화하는 것을 좋아해. 어떤 식으로든 카테고리를 만들어
묶어두려고 하지. 그때 기준이 되는 것이 대상들의 '평균' 수치인 경우가
많아. 그러다 보니 억지로 끼워 맞추는 경우도 있겠지. 평균을 기준으로
판단하다 보면 대상의 일반적 특성을 빨리, 그리고 쉽게 이해할 수는
있겠지만, 개별적인 특성이 무시되기 쉬워. 남녀의 신체적 차이에 대한
인식도 그런 것 같아.
차이를 우월함과 열등함으로 구분하지 않고, 그냥 '차이'일 뿐임을
인정하고 서로를 배려하는 마음을 갖는다면, 그 배려로 인해 내가 손해
본다는 생각이 조금은 덜하지 않을까?

모성애가 부성애보다
강하다고?

가사와 육아를 여성이 책임져야 한다는 주장에서 가장 강력한 근거가 바로 '모성애'야. 많은 사람이 여성에게는 타고난 모성애가 있다고 믿어. 열 달 동안 뱃속에 아이를 품고 살았기 때문에, 엄마가 아이에게 지닌 유대감과 애정은 아빠와 비교할 수 없다고 생각하지.

많은 문학 작품에서 어머니의 사랑과 희생을 찬양해 왔어. 어머니의 사랑이 숭고하지 않은 것은 아니지만, 이런 찬양을 듣다 보면 당연히 그래야만 한다고 세뇌당하게 돼. 그런 세뇌 때문에 고민하며 자책하는 엄마들도 많대.

'나는 왜 모성 본능이 없을까?'

뇌과학자들은 도파민과 옥시토신이라는 호르몬을 근거로 '모성 본능'에 대해 설명하기도 해. 엄마가 아이를 바라볼 때, 이른바 '쾌락 호르몬'이라고 부르는 도파민이 마구마구 분비되어 행복감을 느끼게 된다는 거야. 옥시토신은 출산과 모유 분비를 촉진하는 호르몬인데, 이 역시 행복함을 느끼게 해주는 호르몬

미켈란젤로의 〈피에타〉는 예수 그리스도의 시신을 안고 있는 어머니 성모 마리아를 묘사한 조각상으로 모성애를 표현했다고 알려졌다. (성 베드로 대성당)

이야. 모유 수유를 하면서 옥시토신이 분비되면 엄마는 아이를 키우느라 힘든 상황을 잊어버리고, 불안이나 두려움을 잊고 행복감을 느끼게 된다고 해. 그러니 아이를 사랑하는 어머니의 마음은 본능이고, 그 본능에 따라 엄마가 아이를 양육해야 한다는 논리가 성립하는 거지.

리처드 도킨스는 책《이기적 유전자》에서 진화의 주체가 생명체 자신이 아니라 그 생명체가 가진 유전자라고 했어. 이 유전자가 자신을 보존하기 위해 맹목적이고 본능적으로 노력하도록 인간을 프로그래밍했다는 거지. 도킨스의 이론에 의하면, 인간이 자신의 자녀에게 애정을 쏟아 기르는 것은 유전자 보존을 위한 본능이기도 해.

그렇지만 모성애는 정말 본능적인 것일까? 정말로 부성애와는 비교할 수 없을 정도로 강한 것일까?《하리하라의 생물학 카페》라는 책에서 저자 이은희는 여성이 임신하면 태아와 엄청난 생존 경쟁을 한다고 했어. 이물질을 몰아내기 위해서 말이야. 우리 몸은 원래 이물질이 들어오면 면역 체계가 발동하지. 엄마에게 태아는 절반은 자신의 유전자이지만 나머지 절반은 타인의 유전자잖아. 엄마의 몸은 자신의 유전자를 절반쯤 가진 태아를 보호하고 잘 기르려는 한편 타인의 유전자를 절반이나 가진 태아에게 방어 기제가 발동하게 돼. 태아는 살아남기 위해서 엄청난 식욕으로 엄마 몸에 있는 양분을 마구 빨아들이거든. 이런 태아로부터 엄마는 자기를 보호하려고 하겠지. 그래서 엄마는 임신을 한 열 달 동안 사랑으로 태아를 기르면서 동시에 태아로부터 자신을 보호하기 위해 태아와 경쟁한다고 해.

'모성 본능'에 대해 반기를 든 사람이 또 있어. 바로 프랑스의 철학자 엘리자베트 바댕테르야. 그녀는《만들어진 모성》이라는 책에서 모성애는 본능이 아니라 만들어진다고 주장했어. 19세기에 와서 사회가 오로지 노동에 전념할 수 있는 사람들을 필요로 하면서 남자들에게는 노동을, 여자들에게는 육아를 전담하도록 모성애를 만들었다는 거야. 18세기 프랑스에서는 아이를 낳으면 멀리 떨어진 유모에게 보내 4~5년간 키우는 게 관행이었다고 해. 모성애가 본능이라면 어떻게 그럴 수 있었겠어?

"여자는 야하지만 엄마는 강하다."
"아이는 엄마 손에서 자라야 한다."

우리는 어렸을 때부터 이런 말들을 너무나 당연하게 들어왔어. 우리 사회가 필요에 따라 어머니의 고귀한 희생이나 모성애를 찬양하면서, 일하는 아버지와 육아하는 어머니의 모습을 정형화된 가정으로 만들어낸 거지. 모성애니 부성애니 하면서 자식에 대한 사랑을 구분하고 우열을 가리지만, 사실 아버지든 어머니든 자식에 대한 사랑의 크기를 비교할 수 있을까? 결국 바댕테르는 아버지와 어머니의 역할에는 차이가 없다고 주장해.

사실 모성애는 본능이라기보다 육아를 전담하면서 자녀와

더 오랫동안 교감하면서 생긴다는 주장도 있어. 아빠가 육아를 전담하는 경우라면 아빠는 아이와 더 교감하고, 그렇지 않은 아빠에 비해 더 강한 부성애를 느끼게 된다는 거지.

모성애가 본능이든 사회적으로 만들어진 것이든 그 자체가 중요하지는 않아. 중요한 것은 자식에 대한 부모의 사랑과 헌신은 너무나 고귀하고, 그런 사랑과 헌신으로 이루어지는 육아는 인류의 생존을 위해서도 꼭 필요하다는 거지. 육아는 특정 성별이 담당해야 하는 성 역할이 아니고, 우리 사회 전체가 함께 책임지고, 모두 함께 해나가야 하는 일이야.

미러링, 눈에는 눈 혐오엔 혐오

"남자는 조신해야 해."
"남자가 밤늦게 싸돌아다니니까 그런 일을 당하는 거야."

어디서 많이 들어본 말인데, 뭔가 이상하지? '여자'를 '남자'로 바꾸었을 뿐인데 아주 이상하게 들려. 1977년에 발표한 게르드 브란튼베르그의 《이갈리아의 딸들》이라는 소설에서 내세운 전략이 이런 거야. 이 소설은 남녀의 성 역할이 완전히 뒤바뀐 가상의 세계 '이갈리아'를 배경으로 하고 있어. 독자들은 성 역할이 완전히 바뀐 세상을 접하면서 뭔가 기괴함을 느끼지. 그렇지만 소설 속 남녀의 성별만 바꾸면 그저 현실 세계의 남녀의 모습일 뿐 전혀 낯설지 않아. 그 반대의 상황을 기괴하게 느낌으로써 그만큼 가부장적 현실 세계가 모순적임을 깨닫게 하지.

이 '이갈리아'에서 따온 말이 바로 '메갈리아'야. 숱한 사회적 논쟁을 낳고 2017년에 사라진 인터넷 사이트 '메갈리아' 말이야. 원래 '메르스 갤러리'였던 사이트 이름에 '이갈리아'를 합성해서 '메갈리아'가 되었어. '메갈리아' 사이트는 폐쇄되었지만, 페미니스트를 비하하고 혐오하는 말로 '메갈'은 남았지.

이 인터넷 사이트 메갈리아에서 주로 사용한 전략이 '미러링'이야. 여성 차별적인 언어 표현에 문제를 제기하면서 여성에 대한 비하적 언어 표현을 남성에 대한 것으로 바꾸어서 공격하는 전략이지. 남성들이 너무나 당연하게 내뱉던 차별의 말을 남성들에게 그대로 돌려줌으로써 여성을 비하하는 표현이 문제가 있음을 깨닫게 하자는 의도였어. 한마디로 '역지사지'해 보라는 거야. 다른 사람에게 혐오의 말을 내뱉을 때는 문제인 줄 모르지만 입장을 바꿔서 자기가 그런 혐오의 말을 듣다 보면, 그동안 자신의 말과 행동이 얼마나 잘못되었는지를 깨달을 수

있을 테니까 말이야. 소설《이갈리아의 딸들》이 취한 전략이 바로 미러링이기도 해.

메갈리아 사이트는 폐쇄되었지만, 이후에도 '미러링'은 페미니즘의 대표적인 저항 방식이 되었어. 여성 혐오의 문제점을 깨닫고 여성들 스스로 각성할 수 있는 계기를 주었다는 점에서 미러링은 잠깐 동안은 효과적인 전략으로 보였어. 미러링의 말들이 사회적 논쟁이 되면서 여성 혐오에 대한 사회적 공론화를 불러일으키기도 했지.

그렇지만 미러링이 과연 여성 혐오를 없애는 데 도움이 되는지는 의문이야. 갈수록 표현이 과격해지면서 '남성 혐오' 논란이 일었거든. 미러링은 여성 혐오 발언을 하는 사람들에게 반격의 명분을 주었고, 페미니즘을 부정적으로 인식하는 빌미가 되기도 했어.

삼일한

'여자랑 북어는 삼 일에 한 번 패줘야 부드러워진다'는 말에서 나왔대.

숨쉴한

'삼일한'이라는 말을 아무렇지 않게 쓰는 남자들을 보고, '남자들은 숨 쉴 때마다 한 번씩 패줘야 한다'는 말을 미러링으로 만들어 쓴 거야. 그렇다면 '숨쉴한'이라는 말을 들은 남자들이 '삼일한'이라는 말을 쓰지 말아야겠다고 생각했을까? 오히려

비아냥거리지 않았을까?

> "힘도 없는 것들이 남자를 어떻게 패? 그러니 삼일한이
> 지."

'김치녀'니 '된장녀'니 하는 여성 비하 표현에 맞서 여성들은 '한남충'이라는 미러링의 말을 썼어. 그런데 한남충이라는 말을 들으며 김치녀, 된장녀라는 말을 쓰면 안 되겠다고 생각한 사람이 몇이나 될까? 오히려 맞받아치지 않았을까?

> "김치녀나 된장녀가 모든 여성에게 한 말이 아닐 텐데, 김
> 치녀라는 말을 듣고 열폭하는 것을 보니 진짜 김치녀가
> 맞군."

처음엔 남자들이 미러링의 말을 들으면 뜨끔하면서, '아, 이런 말을 들으면 기분이 나쁘겠구나' 하고 느꼈을 수도 있지. 그렇지만 결과적으로는 어때? 미러링에 대한 반격으로 더 심한 말들이 만들어지고, 또 그에 맞서는 미러링으로 더 험한 말들이 쏟아져 나오고 있어. 여성 혐오의 말들이 먼저 사라져야 미러링의 말도 사라질 수 있다고 생각하는 사람들도 있지만, 일부 개

인의 과격한 일탈에서 빚어진 험한 말들의 향연에 같이 놀아나다가, 애초에 잘못이 누구에게 있었는지조차 헷갈리게 되었어. 가뜩이나 페미니즘이 마음에 안 드는 사람들에게 그럴듯한 구실을 주기도 했고, 혐오를 혐오하는 데서 출발했던 미러링이 혐오 그 자체가 되어버리기도 했지.

이럴 때 문득 생각나는 말이 있어.

"When they go low, we go high!"
"그들이 저급하게 가도, 우리는 품위 있게 가자!"

2016년 미국 민주당 전당대회에서 미국의 전 영부인 '미셸 오바마'가 온갖 차별과 혐오의 말을 쏟아내던 상대 진영을 향해서 했던 말이야. 상대의 저급한 혐오의 말을 없애기 위해 혐오 경쟁이라도 하듯 똑같은 말로 서로 갚아주려다 보면 그 끝이 어디로 향할지는 짐작이 가지 않니?

백래시, 안티 페미니즘의 그늘

사람들은 누구나 익숙한 것을 잘 바꾸려고 하지 않아. 익숙한 것이 편하기 때문이야. 오랫동안 익숙했던 것들을 누군가 바꾸려고 하면 거부감이 생기기 마련이지. 19세기 프랑스 등에서 일어났던 여성의 참정권 운동, 1920년대 여성의 투표권을 보장한 미국 수정헌법 19조의 의회 통과, 1972년 미 연방대법원의 '임신 중지 허용' 판결 등 여성의 권리와 관련한 역사적인 사건이 있을 때마다 페미니즘에 대한 대대적인 반론이 있었어.

특히 자신의 이익에 반하는 변화라면 저항은 더 커지겠지. 사회적 또는 정치적으로 일어나는 사건이나 변화에 반대하는 사람들에게서 일어나는 부정적인 반작용이나 반격, 반발을 '백래시'라고 해. 'back'은 '뒤'라는 뜻이니 사람으로 치면 '등'이고, 'lash'는 '채찍으로 때리다'라는 뜻이야. 그러니까 '백래시'는 뒤돌아 있는 사람의 등짝을 세게 때린다는 뜻이지. 그만큼 지금의 현상을 바꾸려는 시도에 대해 심하게 거부한다는 의미야. 미러링에 대해서 무조건 비판하는 것도 어떤 면에서는 페미니즘에

> **미국 수정헌법 제19조**
> 미국 시민의 투표권은 성별을 이유로, 미국 또는 어떤 주에 의해서도 부정되거나 제한되지 아니한다.
> 의회는 적절한 입법을 통하여 본조를 강제할 권한을 가진다.

대한 '백래시'라고 할 수 있어.

신경아 작가는 책《백래시 정치》에서 1980년대 여성 운동에 대한 백래시의 특징을 세 가지로 정리했어. 첫째는 여성 차별을 없애려는 적극적인 시정 조치가 오히려 남성에 대한 역차별을 조장하고 있다는 주장이야. 예를 들면 '여성 할당제'와 같은 제도로 인해 실력 있는 남성이 배제되는데, 이는 곧 남성에 대한 역차별이라는 거지. 둘째는 페미니즘은 여성에게도 나쁘다는 주장이야. 페미니즘의 유행으로 인해 고학력 여성들이 결혼을 기피하고 외롭게 살게 된다는 주장이지. 전통적인 가족 제도

하에서 가부장적 남성에게 보호받으면서 '레이디 퍼스트' 대접을 받던 여성들 스스로도 페미니즘을 원치 않는다는 거야. 셋째는 여성들 스스로 여성의 지위가 이미 남성과 평등하다고 주장하는 포스트 페미니즘이야. 남성과 동등한 지위를 얻었기 때문에 여성 스스로 페미니즘을 거부한다는 주장이지.

여기에 더해 페미니즘이 전통적인 가족 제도를 해체하고 있다는 주장도 만만치 않아. 페미니즘을 전통적인 가부장제 사회에서 남성들이 너무나 당연하게 누리던 것들에 대한 도전으로 받아들이는 거야. 성 역할 고정관념을 깨자는 주장 역시 전통적 가족 제도에 대한 도전으로 받아들이고 있어. 전통적인 가족 제도를 유지하려면 성 역할 고정관념이 꼭 필요하거든.

양성평등까지는 어떻게 받아들인다고 쳐도 성 소수자에 대한 차별을 거부하자는 데까지 나가면, 전통적인 성의 이분법을 해체한다는 심한 거부감과 불안감을 불러일으키면서 백래시의 대상이 돼.

"성의 구분 자체를 없애자는 것이냐?"

심한 반발과 함께 신에 대한 모독으로까지 여겨지곤 하지.
신경아 작가는 시대에 따라 페미니즘에 대한 공격 양상이

청소년 페미니즘 모임 등이 학교 안 성폭력에 대한 정부의 책임 있는 태도를
촉구하고 있다. (2019년 2월 16일)

조금씩 달라지고 있다고 했어. 20세기 후반에는 페미니즘이 여
성을 불행하게 만든다는 메시지를 통해 페미니즘을 공격했다
면, 21세기에 와서는 페미니즘 때문에 남성이 불행해졌다는 주
장이 강해졌다고 해. 어떤 사람들은 세계적인 저성장 기조로
인해 젊은 계층이 취업하기 어려워지면서 여성을 치열한 경쟁
관계로 보게 된 것도 페미니즘을 거부하게 된 원인이라고 말하
기도 해.

　백래시의 대상이 되었던 것으로 '미투 운동'도 빼놓을 수 없
어. 미투 운동으로 많은 피해자가 용기를 내면서, 그동안 감춰

졌던 수많은 폭력과 성범죄가 수면 위로 드러났지. 하지만 그 과정에서 사회적으로 명망 있던 남성들의 삶이 하루아침에 나락으로 떨어지기도 했고, 무고로 인한 피해자가 생겨나기도 했어. 추후에 사실이 아니었음이 밝혀져도 이미 나락으로 떨어진 명예를 회복하기 어려운 경우도 있었지.

여기에 더해 데이트 폭력이나 여성을 대상으로 한 묻지 마 폭행 사건 등이 사회 문제로 대두되면서, 이를 비판하는 과정에서 남성을 잠재적 가해자로 본다는 불만들도 터져나오기 시작했어.

이들은 미투 운동을 젠더 정의를 위한 사회적 운동이라고 보지 않고, 그저 지나치게 예민하고 까칠한 여성들이 정치적인 올바름에 과도하게 집착하여 남성을 피해자로 만드는 마구잡이식 마녀사냥이라고 생각했어. 이런 생각들이 결국 안티 페미니즘에 의한 백래시로 이어져서, 페미니즘에 대한 과도한 혐오로 이어지고 있는 거야.

물론, 미투 운동의 취지와 관계없이 어쩔 수 없는 부작용이 생겨나긴 해. 그렇다고 미투 운동에 나선 피해자에게 페미니즘이라는 덧칠을 해서 비난하며 2차 가해하는 방식이 옳은가에 대해서는 고민이 필요하지 않겠어?

강남역 살인 사건과 데이트 폭력, 끝나지 않는 비극

2024년 강남역 인근 빌딩 옥상에서 어느 의대생이 동갑내기 여자 친구를 흉기로 찔러 무참히 살해했어. 여자 친구가 이별을 요구했다는 이유로 말이야. 범인이 수능 만점자에 의대생이라는 점 때문에 이 사건은 엄청난 사회적 관심을 끌었어. 전형적인 교제 살인이라는 점에서 여성들에게 또 한 번의 충격과 공포를 준 사건이기도 했지.

하필 그 장소가 강남역 인근이어서, 더 큰 사회적 충격을 주었어. 많은 사람이 2016년에 벌어졌던 '강남역 살인 사건'을 아직 기억하고 있었거든. 강남역 살인 사건은 강남역 인근 남녀 공용 화장실에 숨어 있던 범인이 일면식도 없는 23세의 여성을 흉기로 찔러 살해한 사건이야. 범인은 평소 여성들이 자신을 무시한다고 생각해서 여성을 대상으로 복수를 하려고 했대.

이 사건은 피해자가 단지 '여성'이라는 이유만으로 죽어야만 했다는 점에서 많은 여성의 분노를 불러일으켰어. 강남역 10번 출구는 시민들의 자발적인 추모 공간이 되었고, 추모의 글을 쓴 쪽지가 붙었지. 여성계에서는 이 끔찍한 죽음은 그동안 인터넷을 중심으로 우리 사회에서 벌어지고 있던 여성 혐오의 결과라

강남역 10번 출구의 추모 공간. (2016년 5월 22일)

고 주장했어. 온라인을 기반으로 스멀스멀 자라온 혐오의 싹이 혐오를 넘어 증오 범죄로 이어졌다는 거야. 그동안 단지 여성이라는 이유로 차별받는 것에 대해서만 분노했다면, 이제는 여성이라는 이유로 '생존' 자체를 위협받는 공포스러운 상황이 되어

버렸다는 주장에 많은 여성이 공감했어.

하지만 한편으론 이런 주장이 과하다는 반응도 있었지.

> 정신 질환을 앓는 한 개인이 저지른 흉악 범죄에 대해 '여
> 성 혐오 범죄'라는 이름표를 붙이고, 모든 남성을 잠재적
> 가해자로 몰아가는 것은 과하다.

결국 추모 공간이었던 강남역에서 서로 다른 주장을 하는 사람들 간에 물리적 충돌이 일어나기도 했어. 강남역 살인 사건을 '여성 혐오 범죄'라고 말하는지, 아니면 그냥 단순한 '묻지 마 범죄'라고 말하는지를 두고 페미니스트 인증을 하기도 했지. 논란이 점점 커지면서 이 사건은 우리나라 페미니즘 역사에 가장 중요한 사건 중 하나가 되어버렸어.

이 사건을 단순히 '묻지 마 범죄'라고 생각하는 사람들은 이 사건에 '여성 혐오 범죄'라는 사회적 의미를 부여하여 논란을 키우면, 순수한 추모가 아니라 페미니즘 홍보를 위해 한 사람의 죽음을 이용하는 것이라고 주장했어. 운이 없어서 우발적으로 당한 사고일 뿐인데, '여성 혐오'라는 의미를 덧씌워 불필요한 논란을 키운다는 거지.

그렇지만 인간은 사회적 동불이야. 노화에 의한 자연스러운

죽음이나 단순 사고사 등 몇 가지 경우를 제외하고 대부분의 죽음은 사회적으로 관련이 있어. 성적을 비관한 청소년의 죽음이 치열한 경쟁으로 우리 아이들을 내몬 입시 제도의 문제점과 관련이 없을까? 특성화고 학생이 현장 실습 중에 사고로 사망하면 '현장 실습 사업체에 대한 관리 부실' 문제를 살펴봐야 하지 않을까?

특히 유사한 상황의 죽음이 반복되면 사회적인 문제점을 분석해야 해결 방안을 마련할 수 있어. 그래야 같은 비극이 반복되는 것을 조금이라도 막을 수 있을 테니까. '묻지 마 범죄'라고 이름 붙이고, 그저 심신 미약에 의한 범죄이니 '더 이상 아무것도 묻지 마!'라고 한다면 어떻게 되겠니?

어떤 비극적인 죽음에 대해 진상 조사를 요구하며 사회적 의미에 대해 목소리를 높이면, '시체팔이' 운운하며 비난하는 경우가 종종 있어. 사건의 밝혀지지 않은 진실이나 사회적 의미에 대해서 사람마다 판단이 다를 수는 있어. 당연히 다른 목소리를 낼 수도 있지. 그런데 논의 자체를 거부한다면 우리 사회가 진정 앞으로 나아갈 수 있을까?

특히 '여성 혐오 문제'라는 사회적 의미 부여에 유독 예민하게 반응하는 이유는 뭘까? 여성 혐오 운운하면서 남녀를 갈라치기하고, 남성을 잠재적 범죄자로 몰아세운다는 논리로 말이야. 그런 논리를 펴는 사람들은 대체로 우리 사회에서 여성이 사회적 소수자라는 사실을 인정하지 않는 경우가 많아. 몇몇 범죄자의 일탈 행위일 뿐인데, 여성들이 과도하게 두려워하고 불안해한다고 생각하지.

그렇지만 이런 두려움이 그저 여성들의 예민함 때문일까? 한국여성의전화가 집계한 '파트너 살인 통계'에 따르면 2024년 한 해 동안 자신의 배우자나 애인에게 살해당한 여성은 181명이라고 해. 약 이틀에 한 명 꼴로 여성들이 자신의 파트너였거나 파트너인 사람에게 살해당했어. 살인 미수 등으로 인해 살아남은 여성이 최소 374명이라고 하니, 이틀에 세 명 이상의 여성이 자신의 파트너로부터 생명의 위협을 받았다는 거지.

'안전 이별'이라는 말이 유행할 정도로 한때 사랑했던 사람과의 이별에서조차 생명의 위협을 느껴야 하는 상황이 정상적인 걸까? 하루가 멀다 하고 벌어지는 여성 대상 흉악 범죄들을 보며, 여자들의 행실이 문제라는 둥, 밤늦게 돌아다니지 말고 조심하면 될 일이라는 둥 하면서 넘어갈 수 있을까?

여성 혐오를 멈춰 달라는 주장이 세상의 모든 남성을 잠재적 범죄자라고 외치는 것과 같은 말일까? 당연히 아니야. 대부분의 이성적인 여성들은 대부분의 남성들이 자신과 다른 성을 존중하고 각자의 삶의 방식에 대해 이해하려고 애쓴다는 것을 살

알고 있어. 그러기에 그들 중 누군가와 사랑에 빠질 수도 있는 거지.

다만 여성들이 갖고 있는 이런 불안함을 이해해 달라고 외치는 거야. 그리고 여성들의 불안감은 실제로 존재하는 두려움이라는 것을 인정해 달라는 거지. 여성을 동등한 인격으로 존중하지 않고 성적으로 대상화하는 가부장제의 관습이 아직 남아 있으니 이를 해체해 달라고 외치는 거야. 그리고 그 불안한 목소리에 귀를 좀 기울여 달라는 거지. 더 이상 남녀로 편을 가르지 말고 말이야.

'묻지 마 범죄'도 마찬가지야. '묻지 마 범죄'의 대상은 누구지? 묻지 마 범죄이니 남녀노소를 가리지 않을까? 묻지 마 범죄를 저지르는 사람들이 자기보다 키도 크고 힘도 세 보이는 사람을 범죄의 대상으로 삼을 수 있을까? 아니야, 자기보다 약해 보이는 사람을 대상으로 삼을 가능성이 높아. 그러면 결국 아이나 여성, 혹은 노인이 범행 대상이 되겠지. 그리고 평소에 범인이 '혐오'의 감정을 가졌던 대상이라면, 더 쉽게 범죄의 목표물이 될 거야. 사회적 소수자에 대한 '혐오'가 위험한 이유이기도 해.

평소에 특정 대상을 혐오하던 사람이 이성의 제어를 받지 못하는 감정 상태가 되면, 제일 먼저 자신의 감정 밑바닥에 있던 그 혐오의 대상에게 공격성을 드러내는 거지. 평소에 여성 혐오의 말을 자주 하고, 여성에 대한 혐오의 감정을 갖고 있는 사람이라면 여성을 공격 대상으로 삼겠지? 게다가 여성은 대체로 남성보다 약하다는 이유로 더 쉽게 범죄의 표적이 될 거야. 그렇기 때문에 '묻지 마 범죄'라고 해도 왜 그랬는지를 묻지 않을 수 없는 거야.

남자에게 강요되는 굴레, 맨박스

두 대의 자동차가 좁은 도로의 양쪽 끝에서 서로를 향해 전속력으로 달리고 있어. 누군가 먼저 핸들을 꺾지 않으면 자동차는 서로 부딪히고 말겠지. 자신을 향해 달려오는 자동차를 보고 먼저 겁을 먹고 핸들을 꺾는 사람이 지는 게임, 바로 치킨 게임이야. 1950년대 미국의 갱단들 사이에서 유행했던 게임인데, 누가 더 겁쟁이인지 내기를 하는 게임이라고 해. 미국에서는 겁쟁이를 '치킨'이라고 불렀거든.

여러분의 부모님조차 태어나기 전인 1950년대 전설적인 인기를 누렸던 영화배우, '제임스 딘'이 출연한 영화 〈이유없는 반항〉에도 이 게임이 나와. 절벽을 향해 자동차로 질주하다가 누가 더 절벽 가까이서 멈추는지 내기를 하지. 겁쟁이가 되지 않으려고 기어이 차를 끝까지 몰다가 한 사람은 결국 절벽에서 떨어져 죽음을 맞게 돼. 당시 젊은이들 사이에서는 이런 게임이 엄청 유행했대. 오직 자신의 용기를 과시하기 위해서 말이야.

인터넷에서 떠도는 우스갯소리인데 남자들이 죽기 직전에 가장 많이 하는 말이 뭔지 알아?

"죽기밖에 더하겠어?"
"설마 죽기야 하겠어?"

이 두 마디래. 어이없으면서도 한편으로 고개가 끄덕여져. 그만큼 목숨을 건 무모한 도전을 '남자다움'의 증거로 여기는 남자가 많다는 얘기야. 도대체 남자다움이란 게 뭐길래 목숨을 걸어도 좋은 걸까?

어려서부터 남자들은 '강해야 한다'는 강박 아닌 강박을 갖는 경우가 많아. 그러다 보니 어려서는 주먹깨나 쓰는 남자아이들이 엄청 대단해 보이기도 하지. 문제는 남자라고 해서 무조건 강하지 않은데도 불구하고 겉으로는 강한 척해야 한다는 거야.

미국의 사회 운동가 토니 포터는 남성들에게 강요되는 이런 남성성에 대한 굴레를 '맨박스'라고 했어. 맨박스에 갇힌 남자들은 어려서부터 용기를 증명해야 하고, 여자아이처럼 굴면 안 된다고 배우지.

　　남자는 강하고 이성적이지만, 여자는 약하고 감성적인 존
　　재야.

　　이런 맨박스에 갇히면 어떤 상황에서도 책임지고 지배해야 남자다운 것이라고 생각해. 남자는 남을 지켜줘야 하는 존재이기 때문에 웬만한 일에 도움을 요청해서는 안 된다고 생각하지.
　　당연히 울어서도 안 되겠지? 남성다움이라는 기대에 미치지 못하면 결국 '계집애' 같다는 소리를 듣게 되니까. 남성다움이라는 고정관념에 갇혀서 남녀의 신체적 차이를 여성이 남성보다 열등하다는 근거로 믿게 되는 거야. 이런 식의 사고방식도 일종의 맨박스인 거야.
　　맨박스에 갇힌 남자들은 여자를 남자의 소유물이자 그저 관심의 대상, 성적인 대상으로 여겨. 좋은 남자는 자신의 소유인 '자기 여자'를 설대석으로 아끼고 지켜주어야 한다고 생각하지. 자신의 배우자에 대한 존중과 사랑의 마음을 갖는 건 당연한 일이야. 하지만 맨박스에 갇힌 남자들은 자기와 친분이 없는 여성들이 겪는 일에 대해서는 책임지지 않아도 된다고 생각해. 다른 남자의 '소유'인 여자들에 대해 관심을 갖는 것이 옳지 않다고

생각하는 거야. 여성 대상 폭력에 대해 모른 체하거나 별거 아
닌 것처럼 여기는 이유가 바로 이런 생각 때문이라고 해.

토니 포터의 책《맨박스》에서 이와 관련한 실험을 하나 소개
했어. 남성들에게 두 가지 상황을 던져주었을 때 남성들이 어떻
게 대처하는지를 비교하는 실험이야. 첫 번째는 커플로 보이는

남녀가 대화하다가 남성이 여성에게 폭력을 가하는 상황을 보여주었어. 남성 대부분이 이 상황에서는 관여하지 않겠다고 답했어. 두 번째는 혼자 식사하고 있는 여성에게 부랑자처럼 보이는 남성이 다가가 시비를 걸고 여성에게 폭력을 가하는 상황을 보여주었어. 이 상황에서는 많은 남성이 그 여성에게 도움을 주겠다고 답했어. 첫 번째 상황의 여성은 누군가의 '소유'이기 때문에 관여할 필요가 없고, 두 번째 여성은 '소유'한 남성이 없으니 관여해도 된다고 판단한 거야. 맨박스에 갇힌 남자들의 전형적인 사고방식이지.

남성들이 여성에 대한 폭력에 무관심한 이유가 또 하나 있어. 남성 대다수는 어려서부터 남성이 행하는 크고 작은 폭력에 익숙할 뿐만 아니라, 그런 폭력을 대수롭지 않게 여기는 분위기에서 자랐기 때문이야.

"사내자식들이 치고받고 싸울 수도 있지."

많은 남성이 어려서부터 이런 말을 듣고 자란대. 그러다 보니 남성들은 폭력에 대해 덜 민감해지는 거야. 단순한 시선이나 가벼운 신체 접촉에도 여성들이 불안해하는 이유를 잘 이해하지 못하지.

때린 것도 아닌데 뭐가 문제지?

이렇게 생각하는 거야. 많은 남성이 길에서 원치 않는 신체 접촉이나 겁박, 괴롭힘을 당하는 여자들을 보면서도 별것 아니라고 생각하거나, 혹은 자신과 관계없는 여성이라는 이유로 무관심하게 지나치는 이유가 바로 이 때문인 것 같아.

남자들 특유의 '의리'도 여성 폭력에 대해 무관심해지는 이유 중 하나야. 자기 무리의 남자애가 여자아이에게 부적절한 행위를 하더라도 의리 때문에 잘못을 지적하지 못하는 경우가 많아. 자기 무리에 속한 친구의 잘못을 지적했다간 무리에서 내쳐질 수도 있으니까.

예를 들어볼까? 남자애들끼리 길을 가다가 예쁜 여학생을 마주쳤는데, 무리 중 한 명이 휘파람을 불며 그 여학생에게 성적인 말을 해서 여학생이 겁을 먹고 도망갔어. 무리에 있던 남자애 대부분은 같이 낄낄댔지. 그런 행위가 잘못이라고 생각하지 않거나, 누군가 속으로는 잘못이라고 생각해도 감히 친구에게 말하지 못했어. 비뚤어진 '의리' 때문에 말이야.

대다수의 남자들은 선량해. 폭력적이지도 않고, 폭력적인 남성을 대놓고 지지하지도 않아. 그렇지만 성차별이나 여성에 대한 폭력에 대해서는 입 다물고 있지는 않았는지 생각해 봐.

한편 왜 남성이 여성에 대한 폭력 문제에 나서야 하는지 의문이 생길 거야. 자신에게 가해진 폭력도 아닌데 말이지.

'왜 여성에 대한 폭력을 남성이 모른 체하면 안 되지?'
'그런 짓만 하지 않으면 된 것 아냐?'
'굳이 끼어들어야 하는 이유가 뭔데?'

이런 생각이 들 수 있어. 그럼 한번 생각해 봐. 폭력적인 행위를 한 사람에게만 폭력은 나쁘다고 말한다면 과연 문제가 해결될까? 문제를 일으킨 사람은 왜 그것이 문제인지를 잘 모를 텐데 말이야. 특히 맨박스에 굳게 갇혀 있다면 더욱 그렇겠지. 그러니까 잘못된 행위를 하는 남성들이 그 '맨박스'를 떨치고 나올 수 있도록 도와줘야 해. 그러려면 남성 전체가 함께 노력해야 하는 거야.

어떤 남성이 잘못된 행위를 했는데 남성 무리 안에서 그저 '호기로운 행위' 혹은 '남성다운 행위' 정도로 여긴다고 생각해 봐. 그러면 그 남성은 남성다움을 인정하지 않는 여성에게 문제가 있다고 여기겠지. 자신의 잘못된 행위를 고치려고 하지 않고 오히려 자신을 비난하는 여성을 혐오하게 되는 거야. 문제가 해결되기는커녕 갈등의 골이 점점 깊어질 거야. 이것이 모든 남성이 함께 나서주어야 하는 이유야.

엔스 판트리흐트는《남성 해방》이라는 책에서 인종 차별 문제를 해결하려면 당연히 백인이 생각을 바꿔야 한다고 말했어. 인종 차별 문제는 백인이 지배하는 세계에서 벌어진 일이니까. 그렇다면 성차별과 젠더 폭력 문제는 누가 나서서 해결해야 할까? 지금까지 유지되었던 가부장적 질서 아래서 생겨난 문제이니, 당연히 남성이 먼저 나서야 하지 않을까? 근본적으로 문제를 해결하려면 문제를 일으킨 사람이 먼저 바뀌어야 하는 게 당연하잖아.

맨박스에서 벗어나는 것은 남성 자신을 위해서도 좋은 일이야. 가부장적 사회에서 '강인함'을 강요받으며 자란 남성들은 자신의 나약함을 숨기기 위해서 다른 사람과의 친밀감도 스스로 차단한다고 해. 통증이 있어도 참고, 본인이 아프다는 사실을 다른 사람에게 말하는 것도 어려워하지.

견고한 맨박스에 갇혀서 살아온 옛 아버지 세대의 모습을 한번 생각해 봐. 집안의 모든 어려움에 대해 자신이 책임져야 한다고 생각하며, 그 책임감의 무게 때문에 자신을 희생하면서 살아온 옛 아버지들을 말이야. 그러면서도 가족들에게 약한 모습을 보이지 말아야 한다는 강박 속에서 갈수록 무뚝뚝해지고, 결국 가족 안에서도 외톨이가 되어가는 아버지의 모습이 그려지

지 않아?

요즘 여성들은 결혼이 필수라고 생각하지 않아. 하지만 예전에는 여자들이 혼자 살기 힘든 세상이었어. 혼자 사는 여성은 뭔가 부족한 여성으로 보였고, 또 '임자'가 없다는 생각으로 남자들이 가볍게 여기고 함부로 대하기도 했어. 세상이 그렇다 보니, 여성들은 더 나이 들기 전에 꼭 결혼하려고 했고, 배우자에 대한 선택권도 별로 없었어.

한편 남자들은 특별하게 노력하지 않아도 쉽게 결혼할 수 있었지. 매일 흥청망청 놀러나 다니고, 술 마시고 아내를 때리면서도 남자들이 큰소리치며 살았던 시절도 있었어. 남자의 역할은 돈을 벌어다 주는 것이라며 집에서는 손가락 하나 까딱하지 않고도 대접받으며 살았더랬지. 물론 옛날 이야기이긴 해.

그런데 요즘 세상은 어때? 여성의 사회 진출이 늘어나고 경제력이 좋아지면서 결혼하지 않아도 잘 살 수 있는 여자들이 많아졌어. 남자가 없는 편이 훨씬 행복하다고 여기는 여자들도 많아. 물론 남자도 마찬가지야. 굳이 어렵게 서로 맞추며 살지 않아도 된다고 생각하지. 또 가족을 위해 자신을 희생하며 '돈 버는 기계'로 사는 것도 원하지 않아. 그러니 이제 서로에게 맞는 짝을 찾아 살고 싶다면, 스스로 멋지고 매력적인 사람이 되기 위해서 노력해야 해. 그게 싫으면 혼자 살아야 하는 세상이지.

많은 남성이 자신의 맨박스를 깨는 순간이 바로 결혼해서 딸을 낳았을 때라고 해.

'나 같은 남자에게 내 딸을 시집보낼 수 있을까?'

천사 같은 얼굴로 잠든 딸아이를 보며 이런 생각을 한다는 거야. 세상에는 여자들이 좋아하기 힘든 남자들이 너무 많다는 것을 깨닫는 거지. 아, 물론 남자들이 좋아하기 힘든 여자들도 너무 많다는 것도 인정!

3

젠더 갈등을 둘러싼
오해와 진실

성인지 감수성 기르기

"사내자식이 계집애처럼 쩨쩨하게 굴래?"

"여자가 밤늦게 싸돌아다니니까 그런 일을 당하지."

"남자 평균 임금이 여자보다 높은 건 당연한 거 아닌가? 남자들이 더 힘든 일을 하니까 당연히 더 많은 임금을 받는 거시. 양성평등을 따시려면 동일 노동을 가시고 따셔야 하는 거 아냐."

"누가 보라고 해서 잠깐 본 것뿐인데, 그것도 죄가 되나요? 저는 가지고만 있었다고요."

"친한 애들만 있는 채딩방에서 여자애들 얼평 좀 한 것도 문제야? 여자애들도 맨날 남자들 얼평할 텐데…."

어때? 평소에 그냥 하는 흔한 말이야? 문제가 된다고 생각하는 말은 몇 개나 돼? 앞의 말들이 모두 문제가 있다고 생각했다면 여러분의 성인지 감수성은 합격점이야.

'성인지 감수성'은 성별 차이로 인해 발생하는 차별과 불평등을 인지하고 이를 개선하려는 실천 의지가 있는지를 뜻하는 말이야. 학교에서, 혹은 성인이 되어 서로를 존중하고 문제없이 살아가기 위해서는 성인지 감수성을 키워야 해.

이런 노력들에 왜 굳이 '감수성'이라는 말을 붙였을까? 사전에서 감수성이란 '외부 세계의 감각을 받아들이는 성질'이라고 정의하고 있어. 감수성이랑 가장 잘 어울리는 서술어는 '예민하다'야. 감수성을 다른 말로 '감각의 예민성'이라고도 하거든. 그러니까 '성인지 감수성'은 우리가 일상적으로 하는 말과 행동이 혹시 성차별이 아닌지 예민하게 느낄 수 있어야 한다는 말이야. '예민하다'의 반대는 '둔하다'잖아. 감각이 둔한 것은 신경계에 이상이 있다는 의미이듯, 성인지 감수성이 둔하다는 말은 우리의 성평등 의식에 문제가 있다는 의미이기도 해.

반복적인 훈련을 통해 감각을 기를 수 있듯이, 성인지 감수성도 반복적인 훈련을 통해 기를 수 있어. 어떤 말들이 성차별적 말들인지, 어떤 생각들이 성별 역할에 대한 고정관념인지, 어떤 행동들이 성적인 불쾌감을 유발할 수 있는지를 알아야겠지. 그리고 성차별적인 말과 생각, 행동 대신에 어떻게 반응해야 할지를 항상 생각해 봐야 해.

남녀가 함께 살아가면서 부딪히는 문제들 대부분은 서로에 대한 이해가 부족해서 생겨. 서로에 대해 잘 모르기 때문에, 혹은 고정관념에서 벗어나지 못해서 생기는 문제들이지. 고정관념에 사로잡히면 객관적으로 생각할 수 없거든. 아는 만큼 보인다고 하잖아. 무엇이 문제인지 알아야 그 문제를 다루는 감각도 더 예민해질 수 있을 거야.

사회생활을 잘하려면 피해야 하는 주제가 세 가지 있대. '정치, 종교, 그리고 젠더.' 워낙 첨예한 논쟁이기 때문이겠지? 해결할 수 없는 갈등이라는 의미도 있을 거야. 그렇지만 정치나 종교 문제와 마찬가지로 젠더 문제도 피한다고 피할 수 있는 문제가 아니야. 피하기만 한다면 갈등의 골이 더 깊어지겠지.

'성인지 감수성'을 기르자고 하면 유난히 반감을 갖는 사람들이 많아. 페미니스트냐며 비난하기도 하지. 지금까지 아무 불편함 없이 살아왔는데, 뭐하러 굳이 예민하게 구느냐고 말이야. 그렇지만 과연 모두가 '아무 불편함 없이' 살아왔을까? 성차별과 성별 고정관념에 갇혀서 불편함을 못 느꼈거나, 불편함을 느

졌지만 말하지 못하고 참아야 했던 것은 아닐까? 그리고 스스로 이런 고정관념에 갇혀서 진짜 '나다움'을 감추고 살아야 했던 것은 아닐까?

'자기 충족적 예언'이라는 말을 들어봤을 거야. 인간은 자기가 믿는 만큼 이룰 수 있다는 말이야. 기대하고 믿는 만큼 그 일이 일어날 가능성이 높아진다는 거지. 그런데 어려서부터 부정적인 말만 듣고 자라면 어떻겠어? 스스로 자기 능력을 깎아내리며 해 보려고도 하지 않겠지?

대체로 여자들이 남자들에 비해 수학과 과학을 잘하지 못한다고 생각해. 물론 사실이 아니야. 그런데 어려서부터 수학을 잘하지 못한다는 고정관념에 갇히면 진짜 수학을 잘하지 못하게 된다는 실험 결과가 있어. 여성에 대한 혹은 남성에 대한 고정관념이 가능성을 미리 차단하는 결과로 이어질 수 있다는 의미이지.

'코끼리 사슬 증후군'이라는 말 들어봤어? 어린 코끼리를 쇠사슬에 묶어 놓으면 아무리 발버둥을 쳐도 쇠사슬을 벗어날 수가 없겠지? 그렇게 자란 코끼리는 그까짓 쇠사슬쯤 가뿐하게 끊을 수 있을 정도로 힘이 세졌지만, 절대 사슬을 끊으려고 하지 않는대. 이처럼 어릴 때 겪은 부정적인 인상이나 실패한 경험 때문에, 또다시 실패할까 봐 자신의 능력을 제한하고 시도조차 하지 않는 것을 '코끼리 사슬 증후군'이라고 해.

어려서부터 성 역할에 대한 고정관념이나 성차별적인 말을 듣고 자라면, 스스로를 그런 생각에 가둘 수 있어. 성차별이나 성별 고정관념뿐만 아니라 그 어떤 차별이나 고정관념에서도 벗어나야 하는 이유이기도 해. 그러기 위해서 우리는 '감수성'을 아주 예리하고, 예민하게 길러야 할 거야.

성인지 예산 35조 설

좀 다른 이야기를 해 볼까? 여성가족부 때문에 우리 사회가 성인지 감수성을 강조하게 되었다고 믿는 사람들이 있어. 이런 생각에 불을 지핀 것이 '성인지 감수성 예산 35조' 설이야. 처음 들었을 때 무슨 생각이 들어? 이런 생각이 들지 않아?

> "성인지 감수성을 높이는 데 무려 35조 원을 쓴다고? 도대체 이게 얼마야?"

우리나라에서는 정책의 공정성과 성평등을 내세우면서 '성인지 예산제'를 실시하고 있어. 2006년에 국회를 통과해서 2008년에 성인지 예산안 작성 지침이 발표되었고, 지금까지 매년 성인지 예산 사용 결과를 보고하고 있지. 그런데 2020년에 어느 신문에서 '한 해 35조 원에 가까운 성인지 예산이 제대로 쓰이지 못하고 있다'라며 기사를 발표했어. 그러면서 '성인지 예산 35조' 설이 '여성가족부 폐지'의 주요 논거로 제시되기 시작한 거야. 갈수록 심각해지고 있던 젠더 갈등과 맞물리면서, 논란에 불이 붙었지.

"35조 원이면 항공 모함 두 대를 살 수 있는 돈인데, 그런 어마어마한 예산을 매년 여성만의 권익 향상을 위해 쓰다니 이게 말이 돼?"

이렇게 외치는 사람들이 많아졌지. 그들은 여성계가 35조 원에 달하는 막대한 예산과 권력을 휘두르기 위해 여성이 약자라는 프레임을 가지고 성인지 감수성을 내세워 거짓 선동하고 있다고 주장했어. 그러나 이들이 '성인지 예산'이 무엇인지 제대로 알고 말하는지는 모르겠어. 기사의 내용을 잠깐만 읽어봐도 바로 알 수 있는데 말이야

성인지 예산은 여성가족부뿐만 아니라 정부의 각 부처에서 사업을 진행할 때, 특정 성별에만 혜택이 가지 않도록 하려고 만든 거야. 정부 부처에서 사업을 수행할 때, 혜택을 받는 대상을 성별로 구분할 수 있는 사업이면 모조리 성인지 예산으로 분류하고 있어. 그러니까 어떤 사업이든 남성 수혜자 몇 %, 여성 수혜자 몇 %, 이런 식으로 구분만 가능하다면 죄다 성인지 예산이 될 수 있다는 말이야. 당연히 이 예산이 모두 여성가족부의 예산인 것도 아니지. 성인지 예산 35조 원 관련 기사를 자세히 살펴봐도, 취지에 맞지 않는 사업들까지 끌어늘여서 예산을 부풀리는 점을 비판한 내용이었어.

예를 들면, 중소벤처기업부가 2651억 원을 들여 중소기업기술혁신개발 사업을 한다고 생각해 봐. 그 사업을 통해 R&D 지원을 받는 기업 중에 여성 중소기업이 하나라도 있다면, 그 사업 예산 2651억 원은 모두 성인지 예산에 포함되는 거야. 그런데 2019년 상황을 보면, R&D 지원을 받은 950명 중 여성은 3.3%(31명)에 불과했어. 여성의 참여 비율은 2017년 5.8%, 2018년 5.5% 등 오히려 매년 낮아졌지. 남성이 훨씬 많은 혜택을 받은 사업이지만, 이 사업의 예산은 몽땅 성인지 예산에 포함돼. 중소벤처기업부가 사용한 이 성인지 예산이 모두 여성의 권익을 위해 쓰였다고 할 수 있을까? 이런 식으로 마구 부풀려 계산하다 보니 성인지 예산이 무려 35조 원이나 되었던 거야.

이걸 두고 마치 여성의 권익 향상을 위해 매년 35조 원이 쓰이고 있으며, 이로 인해 국방 예산이 부족하다느니, 군인들이 제대로 대접받지 못한다느니 하는 논리를 펼친 거야. 또한 여성가족부는 많은 예산을 성과도 없이 흥청망청 쓴다는 엄청난 비판을 받기도 했어.

결론을 정해 놓고 자신의 논리를 펼치려다 보면, 말도 안 되는 논리를 가져다 쓰게 돼. 인터넷에서 떠도는 가짜 뉴스를 너무 쉽게 사실인 양 받아들이기도 하고 말이야. 이런 경우에 쓰는 말이 하나 있어. 바로 견강부회牽強附會라는 말이야. 가당치

도 않은 말을 억지로 끌어다 붙여서 자기 주장이 옳다고 우기는

것을 이르는 말이지. 이 성인지 예산을 살어다 여성가족부 폐지

의 논거로 삼는 게 바로 대표적인 건강부회라고 할 수 있어.

이야기가 좀 샛길로 빠졌지만, 다시 논점으로 돌아와 보자. 성인지 감수성은 그런 것 같아. 예전에 여러분의 할아버지, 할머니, 혹은 아버지, 어머니 세대가 아무 문제없다고 생각했던 성차별의 말들을 생각해 봐. 불과 30년 전만 해도 같은 여자인 할머니가 손녀에게 이런 말을 거리낌 없이 했어.

"계집애가 대학은 가서 뭐 하니?"
"너는 얼굴이 예쁘니까 공부 열심히 안 해도 되겠다. 여자는 시집만 잘 가면 되지."

이제는 누군가 이런 말을 하면, 깜짝 놀라서 쳐다보겠지? 그만큼 우리 모두의 성인지 감수성이 예민해지고 있는 거야. 물론 이런 성인지 감수성이 남자들에게만 필요하다고 생각해서도 안 되겠지. 성차별과 성 역할 고정관념은 특정 성에게만 한정된 것은 아니니까.

"남자 녀석이 그것도 못 해?"
"남자가 그렇게 속이 좁아서야…"

이런 말들을 아무렇지 않게 하면 문제가 있잖아? 학급에서 함께해야 하는 힘든 일도 당연히 남학생들이 하겠거니 하며, 여학생들은 '그림'처럼 앉아 있다면 문제겠지? 남학생이 여학생에게 하는 짓궂은 장난에는 예민하게 반응하면서, 비슷한 장난을 여학생이 남학생에게 하면 아무렇지 않게 생각하는 것도 문제고.

이런 식의 말과 행동이 뷔페니즘의 빌미가 되고, 성평등 주장에 대한 반론의 근거가 되는 거야. 물론 부분적인 사례를 가지고 전체의 문제인 양 확대하는 것도 문제이긴 하지만 말이야.

돌아온 금메달, 돌아온 남아 선호 사상

"분홍색 옷을 살까요? 파란색 옷을 살까요?"

예전에 태어날 아이의 성별이 궁금할 때, 의사에게 슬쩍 물어봤던 질문이야. 물론 특정 색으로 성별을 규정하는 것은 성별 고정관념이지만. 어쨌거나 이제부터는 예비 부모들이 '아들인가요? 딸인가요?' 이렇게 바로 물어볼 수 있게 되었어. 2024년

초에 '태아 성 감별 금지법'이 헌법재판소의 위헌 판결을 받았거든.

'태아 성 감별 금지법'은 '남아 선호 사상'으로 인해 심각한 성비 불균형이 생기자 1987년에 만들어졌어. 딸이라는 이유로 태어나지도 못하는 경우가 많았다니 너무 끔찍하지 않아? 그런데 이 법이 37년 만에 폐지된 거야. 이제는 딸이라는 이유로 임신 중지를 하는 경우가 거의 없어졌다는 게 폐지 이유였어. 우리 사회의 인식이 그만큼 많이 변했지.

딸, 아들 순으로 자식을 낳으면 금메달.
아들, 딸 순으로 자식을 낳으면 은메달.
딸 둘은 동메달.
아들 둘은 목매달.

한동안 엄마들 사이에서 유행한 우스갯소리야. 남아 선호 사상은 그렇게 옛말이 되어가는 듯했지.

그런데 요즘은 아들만 둘을 낳으면 다시 '돌아온 금메달'이라고 한대. 딸을 가진 엄마들은 나이 들어서 손주를 육아하는데 시달리는 반면에 아들 가진 엄마들은 그런 부담이 없어서 생긴 말이라고 해. 애지중지 키운 딸이 결혼해서 애 키우랴 일하라 고생하는 모습을 보다 못해 친정 엄마가 손주를 키워주겠다고 나서는 경우가 많아서 그런 것 같아.

무엇보다도 여성들의 사회 활동이 많아지면서 맞벌이가 당연한 일이 되었지만, 육아에 대한 부담은 여전히 여성에게 있기에 이런 말들이 생기는 것 같아. 남아 선호에서 벗어나 차별 없이 귀하게 딸을 키웠지만, 그 딸들이 자라나서 맞이한 세상은 결국 예전과 크게 나아진 점이 없는 거지. 직업을 통해 자아 성취를 이루고 사회에서 인정받는 동시에, 아이 엄마로서 육아에 대한 책임은 고스란히 떠안은 '슈퍼우먼'이 되어야 하는 거야. 젊음을 고스란히 자녀 육아에 비쳤던 어머니들은 그런 딸들이 안타까워 노년에 또다시 손주 육아에 매달리게 되는 거지.

성평등이니 성차별이니 하는 이야기를 하면, 요즘의 10대나 20대 남성들은 대부분 잘 공감하지 못해. 그들은 그런 차별을 별로 느껴본 적이 없기 때문이지. 그들이 태어났을 때는 첫딸이 금메달로 대접받는 시대였어. 그들의 부모님은 딸이든 아들이든 차별하지 않고 키웠어. 학교에서도 양성평등을 이야기하면서 늘 여학생들을 대접해 주었고, 학급 회장이나 전교 회장도 여학생이 하는 경우가 많았어. 수십 년간 여성의 권익을 외쳐왔던 여성계의 목소리가 학교에 영향을 미치기 시작한 시기에 학창 시절을 보냈으니까. 지금의 10대와 20대 남성들은 가부장제의 혜택을 입은 적이 없는데, 싸잡아 기득권 취급을 당하면서 여자들에게 늘 양보를 강요받는다고 생각하니 억울하기도 할 거야.

그렇지만 진짜 우리 사회에는 구조적인 성차별 따위는 없는 걸까? 우리나라의 젠더 갈등이 세계 1위라는 이야기를 앞에서 했지? 서구 사회에서 본격적인 페미니즘은 18세기쯤 시작되어 수 세기에 걸친 투쟁과 논쟁 끝에 발전해 왔어. 서구 사회는 그 과정에서 치열한 사회적 논의 과정을 거쳐 한 단계씩 인식을 확장시키고 일정 부분은 합의를 이루면서 발전했어. 그러면서 다양한 생각들을 어느 정도 이해하고 존중하게 되었지.

그런데 우리나라는 본격적으로 성평등을 이야기한 역사가 너무 짧아. 게다가 유교적 전통의 가부장적 질서가 서구 사회보다 훨씬 더 뿌리 깊었지. 전통적인 가부장제 사회에서 살았던 우리 할머니, 할아버지 세대에게 성평등이란 조금은 낯설었을 거야. 가부장제의 폐해를 온몸으로 느낀 우리 부모님 세대는 그러한 핍박을 자식에게는 물려주지 않겠다고 마음먹으며 자랐어. 그런 사회 분위기에서 적어도 가정 안에서는 성차별을 받지 않고 자라난 세대, 그 세대가 바로 지금의 20~30대, 그리고 바로 여러분 같은 10대들이야. 물론 이들도 개인이 처한 환경에 따라 각자 조금씩 다른 경험을 하며 자랐을 테지만 말이야.

우리나라는 지금 이런 다양한 경험을 한 여러 세대가 같은 시대를 함께 살아가고 있어. 경험이 다르니, 각자의 가치 판단도 다를 수밖에 없을 거야. 그렇지만 자신이 지금 느끼지 못한다고 해서 차별이 없다고 할 수는 없어. 비록 직접 경험하지 못했더라도 예전의 가부장적 질서가 우리 사회 곳곳에 아직 남아 있거든. 또한 자신도 모르는 사이에 여전히 남아 있는 기성세대의 성차별적인 관습에 영향을 많이 받았을 거야. 오래된 관습은 자신도 모르게 의식과 행동에 스며들거든.

우리 인간은 일상적으로 반복해서 하는 일, 그리고 한결같이 이어진 것에 대해서는 그냥 그것이 정상적이라고 느껴. 그것이 문제일지도 모른다는 생각을 미처 하지 못하는 거야. 우리 사회에 성차별이 어딨느냐고 말하지만, '사장님' 하면 우선 남자를 떠올리지는 않았는지 생각해 봐. 분홍색 티셔츠를 보면 당연히 여자아이 옷이라고 생각하지는 않았는지도 말이야. 주말 아침 온 가족이 늦잠을 잘 때 혼자 일찍 일어나 아침밥을 짓는 엄마를 보면서, 그 장면을 너무 당연하다고 느끼지는 않았는지도 생각해 봐. 엄마도 주중에 내내 직장 일에 시달렸을 텐데도 말이지. 물론 여러분의 가정에서는 온 가족이 함께 아침상을 차리는 것이 당연한 모습이길 바라지만….

그래서 우리는 나와 다른 생각을 가진 사람들의 목소리에 귀

를 기울여야 하는 거야. 자기 경험의 범위 안에서만 판단하고 자기 생각이 옳다고 우기기 시작하면 논쟁은 끝이 없어. 갈등만 심해지고, 그 갈등의 끝은 결국 혐오가 되는 거야.

알파걸은 어떻게 세상을 바꿀까?

동물의 세계에서 서열이 가장 높은 개체를 '알파'라고 해. '알파'는 그리스 알파벳의 첫 번째 글자인데, '처음의'리는 뜻을 가지고 있어. 그 개체가 수컷이면 알파 메일male, 암컷이면 알파 피메일female이 되지. 침팬지는 알파 메일이 무리를 지배하고, 같은 유인원에 속하는 보노보는 알파 피메일이 무리를 지배한대.

우리 인간 세상은 어떨까? 가부장제가 뿌리 깊었던 인간 세상은 알파 메일, 즉 알파맨이 지배하는 세상이었지. 그런데 여성의 사회적 지위가 점점 높아지면서 이런 권력 관계에 조금씩 변화가 생기고 있어. 인간 사회도 이제 알파 피메일, 즉 알파우먼들이 많아지고 있잖아.

이런 변화를 단적으로 드러내는 말이 바로 '알파걸'이야. '알파걸'이라는 말은 2006년에 발표한 댄 킨들런의 《새로운 여자의 탄생 알파걸》이라는 책에서 처음 쓴 말이야. 킨들런은 미국 사회에서 지난 한 세기 남짓 성차별 철폐를 위해 싸워온 여성들의 권리가 조금씩 자리를 잡아가면서, 그 싸움의 성과를 고스란히 누리며 자라난 세대들을 바로 알파걸 세대라고 했어. 킨들런은 900여 명의 소녀들을 대상으로 조사했는데, 이들 중 대략 20% 정도가 공부면 공부, 운동이면 운동, 모든 면에서 남학생들을 능가하는 엘리트였다고 해. 이 소녀들은 친구 관계도 좋고, 미래에 대한 확고한 비전도 가지고 있었어. 리더십에서도 우수한 결과를 보여주었고 말이야. 킨들런은 모든 면에서 남학생들을 압도하는 뛰어난 능력을 가진 여학생들을 두고 '알파걸'이라고 이름 붙였어.

이들 세대는 더 이상 페미니즘을 목소리 높여 외칠 필요도 없다고 생각했지. 자신들의 노력과 실력만으로 남학생들을 이길 수 있다는 자신감이 있었으니까. 이들은 적어도 어린 시절에는 성차별을 당해 본 적이 많지 않았어. 이 알파걸들은 페미니스트였던 엄마들에 의해 자존감 넘치는 주체적인 여성으로 길러졌어. 그리고 이 알파걸들의 아빠들은 심정적으로 성평등에 동조하며 사랑하는 딸들을 양육하는 일에 늘 함께 참여했지. 그 덕분에 알파걸들은 그동안 남자들의 영역이라고 여겼던 '운동'에도 관심이 많았고, 모든 면에서 승부욕도 강한 아이로 자랄 수 있었어.

이들은 중요한 것은 능력이지 성별이 아니라고 생각하며 자랐어. 킨들런은 알파걸이 남녀의 역할 구분이나 성별에 따른 능력 비교보다는 자신의 존재 자체만으로 존중받고 자신이 가진 역량만으로 평가받기를 바라는 특징이 있다고 했어. 그런데도 우리 사회는 알파걸이니, 베타보이니 하면서 성별에 따른 능력의 차이를 구분하고, 알파걸의 등장으로 마치 남성성이 위협받는다는 듯한 위기감을 조성하며 호들갑을 떨었지.

시간이 흐르면서 알파걸들은 열정적인 노력으로 사회적으로도 성공한 여성으로 자라났어. 이제 '알파걸'이란 말은 어린 소녀들뿐만 아니라 모든 분야에서 두각을 드러내는 여성을 이를 때 두루 쓰는 말이 되었지. 1979년부터 1990년까지 영국의 수상을 지낸 마가렛 대처를 비롯해서 2005년부터 2020년까지 무려 15년의 재임 기간을 자랑하는 앙겔라 메르켈 총리까지, 이런 알파걸들이 마지막 유리천장을 깨고 정상에 오른 거야. 이제 우리 사회 곳곳에 남은 유리천장에도 조금씩 균열이 가고 있음을 알 수 있어. 2000년대에 독일에서 태어나서 자란 아이들은 '총리'라는 직업은 원래 '여성'이 하는 일인 줄 알고 자랐다고 해. 알파걸들의 활약이 우리 사회의 성 역할 고정관념을 바꾸는 데에도 기여하고 있는 거지.

여기까지만 보면, 모든 게 해피 엔딩이야. 그렇지만 현실은 그렇게 만만하지 않았어. 꿈 많고 자신만만하던 알파걸들이 모두 그대로 알파우먼으로 자라나지는 못했거든. 나이가 들면서 알파걸들은 조금씩 사라져 버렸어.

그 많던 알파걸들은 다 어디로 가버렸을까?

킨들런은 능력 있는 알파걸이 자기 꿈을 접는 가장 큰 이유로 '출산과 육아'를 꼽았어. 또한 사회 곳곳에 남아 있는 성차별의 벽을 뛰어넘지 못한 경우도 많았어. 여전히 견고한 유리천장을 가진 사회가 아직 많았지.

한때 30대 이상, 50대 사이의 성공한 알파걸들을 이르는 말이 뭐였는지 알아? 바로 '골드미스'였어. 그럴듯한 말로 포장되어 있지만, 성공한 여자는 대체로 '미스'라는 의미기도 해. 이게 무슨 뜻이겠어? 여성이 사회적으로 성공하려면 결혼을 포기해야 하는 경우가 많았다는 거지. 출산과 육아가 여성의 사회적 성취에 그만큼 장애가 된다는 뜻이기도 해. 그리고 그렇게 성공한 여자들은 대체로 '독하다'라는 소리를 들어야 했어.

"여자가 얼마나 독하면 여기까지 올라왔을까?"

ALPHA WOMAN

    영화나 드라마에서 그려지는 성공한 여성의 모습도 언제나 같았어. 오로지 일에만 매진하며 개인의 삶 따위는 없다는 듯이 살아가는 모습이지. 영화 〈악마는 프라다를 입는다〉에서 주인공을 괴롭히는 편집장 미란다는 성공한 여성들의 전형적인 모습을 보여주고 있어. 냉혹하고 차가우며 모든 면에서 완벽해 보이지만, 재혼한 남편과 또 이혼하게 되고 가정생활은 행복하지 않아. 아무리 세상이 변했다고 해도 여전히 가부장적 구조가 살아 있는 이 세상에서 여성이 일과 가정 모두를 챙기는 게 쉽지 않다는 것을 보여줘.

이 영화가 개봉한 지 20년 가까운 세월이 흘렀으니 이후로도 세상은 많이 변했어. 예전에는 사회적 성공이 곧 자기 삶의 완성이라고 여겼지. 그런데 이제는 일을 떠난 개인의 삶이 더 소중하다고 생각하기 시작했어. '워라밸'이라는 신조어가 만들어질 정도로 일과 삶의 균형이 중요한 가치가 되었지.

이제는 직장에서 성공하기 위해서 '가정'을 버리는 일은 없어야 한다고 생각하는 사람이 많아. 가정에서 행복한 사람이 직장에서도 더 열심히 일할 수 있다는 사실을 이제는 알게 되었거든. 세계가 직면하고 있는 심각한 저출생 문제를 해결하기 위해서도 일과 가정의 양립이 필요해졌지. 알파걸들의 발목을 잡던 '임신과 출산'은 이제 여성 개인의 문제가 아니라 우리 사회의 문제로 인식하고 있어. 물론 현실은 아직 그렇게 완전하지 못하지만.

이런 시대적 흐름의 변화 속에서 성공한 여성의 모습도 변했어. 예전에는 생물학적인 성은 여성이지만, 남성 리더들과 같은 방식으로 일을 해야 성공할 수 있었어. 그러니 위로 올라갈수록 독해져야 했지. 그런데 여성의 사회 활동이 많아지고, 여성 리더가 많아지면서, 세상이 조금씩 달라졌어. 여성들도 자신이 가진 정체성만으로도 승부할 수 있는 세상이 되어가고 있는 거지. 억지로 남성성을 지향할 필요도 없고, 억지로 강한 척, 센 척할 필요도 없어지고 있어. 강하고 센 것뿐만이 아니라 섬세함, 다정함, 소통과 공감, 이런 것들이 리더십의 중요한 요건이 되었거든.

비슷한 종류의 영장류이지만 침팬지는 알파 메일이, 보노보는 알파 피메일이 지배한다고 앞에서 말했지? 알파 메일이 지배하는 침팬지 세계에서는 폭력적인 방법으로 무리를 다스리고 심한 경우 죽이는 일까지 일어나지만, 알파 피메일이 지배하는 보노보 세계에서는 훨씬 평화로운 방식으로 지배가 이루어진다고 해. 우리 사회도 평화로운 방식을 원하고 있어. 이제 알파걸들은 억지로 강한 척하며 '센캐(센 캐릭터)'인 양 자신을 꾸미지 않아도 돼. 본인이 원래 가지고 있던 다정함과 섬세함을 무기로 하는 리더십을 발휘하면 되는 거야.

개인적인 시간이라곤 없이 밤늦게까지 회식하며 함께 '으쌰으쌰' 하던 조직 문화가 최고인 것처럼 여기던 시절이 있었지. 함께 술 한 잔을 기울이며 이야기를 나누어야 서로 친근해지고 그런 친근함이 일의 능률을 올린다고 믿던 시절이었어. 술을 잘

마시지 못하면 사회생활에서 성공하지 못한다고 여겼었지. 이제는 술을 마시지 않아도 커피 한 잔으로도 속 이야기를 나눌 수 있는 조직 문화가 되어가고 있어.

알파걸들의 등장과 활약이 이런 변화를 주도했다고 해도 과언이 아니야. 브라이언 헤어와 버네사 우즈가 쓴《다정한 것이 살아남는다》라는 책에서는 현생 인류가 다른 영장류보다 두뇌 크기나 체격이 더 크지 않았음에도 살아남을 수 있었던 이유를 협력적 의사소통, 다정함, 친근함 때문이라고 보았어. 성공하기 위해서 중요한 것은 얼마나 많은 적을 정복했는지가 아니라, 얼마나 많은 친구를 만들었는지에 달렸다는 거야.

그동안 많은 사람이 찰스 다윈의 '진화론'을 절대적으로 여기면서 '적자생존'을 외쳐왔어. 여기서 말하는 '적자'란 더 힘세고 강한 사람이라고 생각했지. 그래서 물리적 힘 또는 그 사람이 가진 능력으로 다른 사람을 굴복시키고 우위에 서는 것이 진정한 강자, 즉 '적자'라고 믿었어. 그리고 그런 '적자', 즉 가장 크고 힘센 개인이나 집단이 도덕적으로 우위에 있고 더 가치가 있다고 생각했지.

그렇지만 다윈이 말한 적자생존을 영어로 옮기면 'Survival of the fittest', 즉 '최고로 적합한 것이 살아남는다'라는 의미야. 환경에 더 잘 적응해 살아남는 것이 진정한 '적자'라는 거지.

《다정한 것이 살아남는다》라는 책은 환경에 잘 적응하기 위해서 필요한 능력은 '강함'이 아니라 '다정함'이라고 주장해. 다윈역시《종의 기원》개정판에서 자상한 구성원이 많은 공동체가더 번성하고 더 많은 수의 후손을 남겼다고 말했어.

'다정함'이야말로 인류가 이 지구상에서 가장 지배적인 종으로 번성할 수 있었던 이유이고, 앞으로 인류가 번성하기 위해가장 필요한 자질이기도 해. 보노보 암컷들은 연대를 통해 공격적인 수컷을 배척하고 다정한 수컷을 가까이했어. 그 결과 다정한 수컷 보노보는 공격적인 침팬지 수컷보다 더 많은 새끼를 가질 수 있었지. 그것이 보노보 사회가 평화를 유지하는 비결이라고 해.

이제 우리 인간 사회의 질서도 변하고 있어. 남성 리더가 지배하던 과거의 사회가 '힘의 우위'를 내세운 가부장적 지배 질서로 유지되었다면, 이제는 훨씬 다정하고 친근한 방식으로 우리 사회의 질서가 유지되고 있어. 이러한 변화에 알파걸들의 기여가 크다는 것을 부정하기는 힘들 것 같아. 물론 다정함이나친근함이라는 특성을 다시 생물학적인 '성별' 논쟁에 가두고 싶은 생각은 없어. 생물학적 성에 따라 구분되는 정체성을 떠나우리 사회를 더욱 평화롭게 하고, 더 나아가게 하는 가치가 무엇인지에 대한 이야기를 하자는 거야.

약육강식의 정글과 같이 끊임없이 경쟁하고, 개인적인 삶이란 포기해야 성공할 수 있다고 믿었던 숨 막히는 사회에서 여성만 힘들고 상처받았던 것은 아니야. 어떤 면에서 더 지치고 힘들었던 사람은 남성이기도 해. 오늘날 세상은 그동안 남성들을 옭아매던 맨박스를 조금씩 깨나가고 있는 것 같아. 그렇다면 우리는 이제 전형적인 '남성'의 모습에, 혹은 '여성'의 모습에 자신을 꿰맞추며 살지 않아도 되지 않을까? 그저 본래의 자신의 모습으로도 당당할 수 있지 않을까?

젠더 프리, 젠더를 넘어 나답게!

"남자아이에게는 강렬한 핑크, 여자아이에게는 섬세한 블루를!"

1918년 〈언쇼스 인팬츠 디파트먼트Earnshaw's Infants Department〉라는 미국 잡지에 나온 말이야. '핑크는 무조건 여자인데?' 이런 의문이 들지 않아? 그런데 조선 시대에도 당상관이라 불리는 정3품 이상의 고위직들이 나랏일을 논하는 자리에서는 분홍색 관복을 입었대. 그러니까 핑크는 여자 색, 블루는 남자 색이라는 생각이 처음부터 있지는 않았다는 거야. 적어도 1940년대까지는 말이야.

1950년대 화장품 회사들이 '핑크 마케팅'을 하면서 분홍은 여성들의 색이라는 인식이 굳히기 시작했어. 왜 그렇게 되었을까? 남녀의 옷 색깔이 구분되어 있으면 누구에게 좋을지를 생각해 봐. 예를 들어 첫째 아이는 딸, 둘째 아이는 아들이라고 치자. 남녀의 옷 색깔이 구분되어 있지 않으면 첫째 아이의 옷을 둘째 아이가 그냥 물려받아도 되겠지? 그런데 색깔이 구분되어 있으면, 첫째 아이의 분홍 옷을 남자아이인 둘째에게 물려주기가 어려울 거야. 결국 부모는 둘째 아이를 위해 옷을 다시 살 수밖에 없겠지. 옷뿐만 아니라 다른 유아 용품의 색깔도 마찬가지일 거고. 굳이 성별에 따라 색깔을 구분하면 누구한테 좋을지 짐작이 가지?

하이힐에 대해서도 생각해 볼까? 하이힐은 여자들이 신는 신발이라고 생각하지? 그런데 사실 하이힐은 고대 이집트에서 고위층 남자들이 남들보다 커 보이기 위해 신었던 굽 높은 신발이 원조라고 해. 중세 시대에는 여자들뿐만 아니라 귀족 남자들도 자신을 치장하기 위해 하이힐을 신었지. 당시에는 화장실 문화가 발달하지 않아서 길거리에 오물을 마구 버리는 일이 많다

보니, 그 오물을 피하기 위해 하이힐을 신었다는 설도 있어. 물론 그 용도로 신는 신발과 멋을 위해 신는 '하이힐'은 서로 다른 것이긴 하지만 말이야.

'그루밍족'이라는 말은 들어봤어? '그루밍'은 마부가 말을 빗질해 주는 데서 유래한 말이라고 해. 고양이들이 자기 털을 고르는 것도 '그루밍'이라고 하지. 이처럼 자신을 꾸미는 일에 아낌없이 투자하는 남자들을 '그루밍족'이라고 해. 옛날에는 화장하는 남자라면 다들 이상한 시선으로 보았지만, 요즘은 남자의 화장은 일반적인 일이 되어가고 있어.

그동안 우리는 어떤 것은 남자의 전유물, 또 어떤 것은 여자의 전유물인 것처럼 구분해 왔어. 그렇지만 사실 그런 구분에 절대적인 기준이 있는 것은 아니잖아? 시대에 따라 기준은 달라지기 마련이고, 요즘은 아예 그 경계가 허물어지고 있으니 말이야. 우리 사회 곳곳에서 변화가 일어나고 있는데, 특히 패션계에서 두드러지게 나타나고 있어. 서구 사회에서 한동안 남자의 전유물이 되었던 바지는 1850년 이후 조금씩 변화하기 시작했지. 미국의 여성 운동가 '아멜리아 블루머'가 여성으로는 처음 바지를 입었어. 한때는 남자와 여자가 함께 입을 수 있는 '유니섹스' 패션이 유행했었는데, 이제는 남자와 여자라는 구분 자체를 아예 없애버리는 시도도 하고 있어. 그런 시도를 '젠더 프리'라고 해.

여기서 한 발짝 더 나가서, 아예 성별을 뛰어넘어 모든 사람을 '사람 자체'로만 생각해야 한다고 주장하는 사람들도 있어. 바로 '젠더 뉴트럴'이야. 말 그대로 성 중립이라는 뜻이지. 젠더 뉴트럴은 성별 고정관념이라는 기존의 틀에서 벗어날 뿐만 아니라, 한 사람의 개인으로서 자신의 행복을 추구하는 것을 중요하게 여겨.

공연계에서도 이런 흐름이 유행하고 있어.

"사느냐 죽느냐, 그것이 문제로다."

셰익스피어의 희곡 〈햄릿〉에 나오는 대사야. 세계에서 가장 유명한 연극 대사 중 하나이기도 해. 연극을 보지 않았어도 이 대사는 한 번쯤 들어보았을 거야. 1601년 즈음에 발표한 〈햄릿〉은 400년이 훨씬 지난 지금도 여전히 무대에 올리는 작품이야. 수백 년간 공연한 작품이니, 매번 작품을 새롭게 해석하는 데에는 한계가 있지 않겠어? 그런데 이 연극의 주인공 '햄릿'이 왕자가 아닌 공주라면 어떨 것 같아? 공주 '햄릿'이라니, 상상이 돼? 이런 식으로 주인공의 성별을 바꾸어 작품을 재해석해 보면 좀 참신하지 않을까? 이처럼 원작 캐릭터의 성별을 바꾸어 작품을 재해석하는 것을 '젠더 벤딩' 또는 '젠더 스와프'라고 해.

고전 연극의 주인공들은 대부분 남성들이야. 당연히 남성 배우들이 배역을 구하기가 훨씬 쉽겠지? 그러다 보니 공연계는 애초부터 '기울어진 운동장'이라는 말들이 많았어. 배역의 성별 자체를 아예 바꿔버리는 젠더 벤딩 외에도, 배우의 성별과 관계없이 배우의 역량만 보고 배역을 맡기는 경우도 있는데, 이런 것을 젠더 블라인드 캐스팅이라고 하지.

젠더 벤딩이나 젠더 블라인드 캐스팅을 묶어서 '젠더 프리 캐스팅'이라고 하는데, 이런 젠더 프리 캐스팅은 공연계의 기울어진 운동장을 바로잡을 뿐만 아니라, 작품 자체를 재해석하여 참신하게 만드는 데에도 도움이 된다는 평가를 받고 있어.

직업의 세계에서도 이런 젠더 프리의 흐름이 가속화되고 있

기울어진 운동장

애초부터 공정한 경쟁을 할 수 없는 상황을 비유적으로 이르는 말로 정치, 경제, 사회적으로 어느 한쪽에게 불공정한 상황에서 널리 쓰인다. 어느 한쪽으로 기울어진 운동장에서는 아무리 뛰어난 사람이라도 경기에서 이길 수 없다는 데서 유래했다. 어떤 상황이나 사회 제도 등이 어느 한쪽에게 일방적으로 유리하면, 상대방은 기울어진 운동장의 아래쪽에서 공을 차는 것처럼 불리하다는 의미이다.

는 것 같아. 예전에는 남자들이 하는 직업, 여자들이 하는 직업이 엄격하게 구분되어 있었지. 지금도 여전히 채용 과정에서 암묵적인 성차별이 있는 직업도 있지만, 제도적으로 '성차별'이 금지되면서 조금씩 변화는 일어나고 있는 것 같아.

한때는 '남자가 무슨 발레야?' 하며 구박하던 시절이 있었고, 그런 구박을 받으면서 자신의 꿈을 이루는 남자아이, '빌리 엘리어트'를 영화나 뮤지컬로 보면서 동경하던 세대가 있었어. 이제 우리는 당당하게 자기 꿈을 이루고 세계 정상에 선 김기민, 전민철 같은 발레리노를 자랑스러워하고 있잖아.

불과 30여 년 전끼지만 해도 '여성은 배에 다면 안 된다'라는 일종의 금기가 있었어. 오랫동안 여성은 배와 관련된 일을 하지 못했지. 1996년이 되어서야 우리나라 첫 번째 여성 기관사와 항해사가 탄생했어. 우리나라 최초의 여성 선장은 더 오랜 시간을 기다려야 했어. 20여 년이 더 지난 2018년, 드디어 우리나라 최초의 여성 선장이 탄생했지. 그리고 그 여성 선장은 6년이 흐른 2024년 우리나라 최초의 여성 도선사가 되었어. 도선사는 무역항에 입출항하는 선박이 안전하게 항로를 운행할 수 있도록 안내하는 일을 하는데, 6천 톤급 이상의 선박 선장으로 3년 이상 근무한 경력이 있어야만 도선사가 될 수 있어.

그동안 우리 사회가 '남사니까' 혹은 '여자니까' 하는 말들로

우리의 한계를 정하고, 우리의 삶을 규정하고 있지는 않았는지 생각해 봐. 그 속에서 남성의 영역, 여성의 영역을 설정해 놓고, 서로 넘어오지 못하게 금을 긋지는 않았는지도 말이야. 그 경계를 허물자는 주장에 대해 서로의 권리나 기득권을 침해당한다고 생각하지는 않았을까? 남성이나 여성을 떠나 한 사람의 개인으로 행복한 것이 가장 중요하다는 생각에는 동의하면서도,

사회적으로 규정된 '남성', 혹은 '여성'에 갇혀서 진짜 '나'를 보지 못하며 살아왔던 것은 아닐까? 그런 세상에 갇힌 채 '남혐'이니 '여혐'이니 하면서 소모적인 싸움을 하고 있지는 않는지 우리 모습을 한번 되돌아보았으면 좋겠어.

다투는 과정 속에서도 우리 사회는 성큼 한 발짝씩 앞으로 나가며 조금씩 변화하고 있다는 사실을 깨달았으면 해. 역사는 퇴행의 길을 걷기도 하지만, 결국은 진보한다는 말이 있어. 다만, 우리의 이 소모적 싸움이 역사의 큰 발걸음을 너무 늦추지는 않기를 바랄 뿐이지.

중요한 것은 '나답게' 사는 것이고, '나답게' 살아감으로써 내가 행복해야 하니까. 내가 '나답게' 살아가기 위해서는, 다른 사람들 역시 그들 각자의 '정체성'을 존중받으며 살 수 있어야 해. 나를 이해하고 나를 긍정하는 만큼, 다른 사람 역시 이해와 존중의 대상이 되어야 한다는 것은 너무나 상식적인 말이잖아.

출처 및 참고 자료

도서

이혜정 외, 《혐오, 교실에 들어오다》, 살림터, 2019

샤리 그레이든, 《왜 10대는 외모에 열광할까?》, 오유아이, 2015

정정희, 《댓글 달기 전에 생각해 봤어?》, 다른, 2024

마르타 브렌, 《가부장제 깨부수기》, 아르테, 2022

도로테 베르나르, 《만화로 보는 성차별의 역사》, 한빛비즈, 2019

강준만, 《엄마도 페미야?》, 인물과사상사, 2022

옌스 판트리흐트, 《남성해방》, 노닐다, 2023

토니 포터, 《맨박스》, 한빛비즈, 2019

댄 킨들런, 《알파걸》, 미래의창, 2007

은이정, 《사춘기 교실에서 여학생과 남학생이 사는 법》, 생각학교, 2023

김고연주, 《나의 첫 젠더 수업》, 창비, 2017

신경아, 《백래시 정치》, 동녘, 2023

어맨다 몬텔, 《워드슬럿》, 아르테, 2022

박다해, 《왜요, 그게 왜 차별인가요?》, 동녘, 2023

고승연, 《우리가 싸우는 이유》, 플랜비디자인, 2023

벨 훅스, 《난 여자가 아닙니까?》, 동녘, 2023

치마만다 응고지 아디치에, 《우리는 모두 페미니스트가 되어야 합니다》, 창비, 2016

브라이언 헤어 외, 《다정한 것이 살아남는다》, 디플롯, 2021

캐럴라인 크리아도 페레스, 《보이지 않는 여자들》, 웅진지식하우스, 2020

정수임, 《젠더 쫌 아는 10대》, 풀빛, 2022

리처드 도킨스, 《이기적 유전자》, 을유문화사, 2018

엘리자베트 바댕테르, 《만들어진 모성》, 동녘, 2009

이은희, 《하리하라의 생물학 카페》, 궁리출판, 2002

오세라비 외, 《페미니즘은 어떻게 괴물이 되었나》, 글통, 2020

기사 및 사이트

대한민국 정부기관, 정부24

김서영, 여성가족부의 어제, 오늘 그리고 내일은, 〈경향신문〉, 2022.4.24.

전준홍, 알고보니-우리나라 '갈등'이 세계 1위?, MBC, 2022.3.18.

주윤덕, 국민 67% '젠더갈등 심각' 한국남녀, 왜 서로에게 분노하나, 〈조선일보〉, 2022.5.6.

오기영, 한국 저출생 진짜 이유 '젠더문제' 미 언론인 분석, 〈국민일보〉, 2023.3.24.

채혜선, 한국다운 것 버려라…韓 인구소멸 경고했던 英교수의 팩폭, 〈중앙일보〉, 2023.5.17.

정재영, 2024년 출생아 수 23만 명대 후반, 합계출산율은 0.74명, 〈세계일보〉, 2024.12.27.

신정선 외, 미국선 '대박' 한국선 '눈물'…영화 바비, 엇갈린 흥행 왜?, 〈조선일보〉, 2024.7.3.

곽명동, '바비' 한국서 폭망한 이유, 〈마이데일리〉, 2023.9.2.

냉하경, '국제 망신'으로 변신 안산 '페미 공격'…노 넘은 맹폭성 혐오, 〈한국일보〉, 2021.7.30.

양성희, 페미니즘은 어쩌다 공공의 적이 되었나, 〈중앙일보〉, 2022.2.24.

백철, 페미니스트는 왜 혐오의 대상이 됐나, 〈경향신문〉, 2018.7.21.

EBS, 까칠남녀-당신도 페미니스트인가요?, EBS, 2018.1.22.

이재은, '내 얼굴 무성했었다'…거세지는 탈코르셋 운동, 〈머니투데이〉, 2018.6.11.

이슬비, 헌재 '남자만 군대 가는 것, 평등권 침해 아니다', 〈조선일보〉, 2023.10.2.

구정모, '뜨거운 감자' 군 가산점제 재도입 가능한가, 〈연합뉴스〉, 2025.3.14.

신윤재, 세계 징병제 국가 64개 여자도 군대 가는 나라는, 〈매일경제〉, 2022.3.17.

최서은, 29개국 중 29등…한국, 이코노미스트 '유리천장 지수' 12년 연속 꼴찌, 〈경향신문〉, 2024.3.14.

팩트체크 팀, 여성 할당, 가점제로 남성 취업 불이익?, 〈연합뉴스〉, 2021.7.3.

송채경화, 국내 200대 상장사 여성 등기임원 비율 2.7%, 〈한겨레〉, 2020.3.8.

임재우, 여성 할당제 폐지하라, 그런데 정작 폐지할 게 없다, 〈한겨레〉, 2021.5.22.

김은주, 여성 참정권이 걸어온 길, 〈연합뉴스〉, 2017.9.14.

오세진, 남성인 당신, 우울한가요? 성 고정관념부터 내던져 봅시다, 〈한겨레〉, 2022.11.24.

김효인 외, 핑크는 여성의 색이 아니었다, 〈투데이신문〉, 2022.11.29.

이환주, 남자가 여자보다 코 10% 더 큰 이유는?, 〈파이낸셜뉴스〉, 2013.11.20.

장정훈, '돕스 대 잭슨' 판결 후 미국 10개 주서 낙태금지 발효, 〈데일리굿뉴스〉, 2022.7.1.

강건택, 49년 만에 뒤집힌 '로 대 웨이드'…낙태권 보장한 기념비적 판결, 〈연합뉴스〉, 2022.6.25.

오경민 외, 근거 없는 '남혐' 정치인, 언론 타고 공론장으로, 〈경향신문〉, 2021.5.14.

이남희 외, 여성 혐오 범죄 인정해야 대책 나온다, 〈여성신문〉, 2024.5.19.

양정우, 작년 친밀한 남성 파트너에 살해된 여성 181명…이틀에 1명꼴, 〈연합뉴스〉, 2025.3.7.

전준홍, 알고보니-성인지 예산 35조 원 쓰는 여가부?, MBC, 2021.7.23.

임재우, 여가부 성인지 예산 35조? 가짜뉴스입니다, 〈한겨레〉, 2022.1.10.

유효송, 35조 성인지 예산 눈먼 돈?…영재 양성·환승 센터가 왜 나와, 〈머니투데이〉, 2020.11.3.

최우영, 내년 31.8조 원 성인지 예산 들여다 보니, 〈머니투데이〉, 2019.9.14.

조다운, '엄마 닮겠네' 대신 '공주님입니다'…성감별 금지법 역사 속으로, 〈연합뉴스〉, 2024.2.28.

김효인 외, 젠더 이코노미10-기업 성 편향 변화 바람…남녀 구분 없는 '젠더 뉴트럴'

　　　　도약, 〈투데이신문〉, 2022.11.30.

장지영, 여성이 된 햄릿·셜록·헤르메스…공연계는 젠더프리 캐스팅 중, 〈국민일보〉,
　　　　2024.6.20.

이준영, 국내 첫 여성 도선사 탄생, 〈서울경제〉, 2023.7.7.

권연수, 여성의 91% '외모 중요해', 남성은 여성보다 외모에 자신감 높아, 〈디지털조
　　　　선일보〉, 2017.10.21.

Opinion - 페미니즘도 여러 종류가 있다는 것을 아시나요?, 아트인사이트,
　　　　2016.2.16.

사진 출처

21쪽, 바비 인형, 셔터스톡

22쪽, 바비 인형 신발, 셔터스톡

33쪽, 우리는 이대남이 아니란 말입니까, 연합뉴스

76쪽, 세계 여성의 날 멕시코시티, 셔터스톡

85쪽, 올랭프 드 구주 흉상, 위키미디어 코먼스

87쪽, 1912년 뉴욕 여성 참정권 운동, 위키미디어 코먼스

106쪽, 2024년 한국 국제 마라톤 대회, 셔터스톡

109쪽, 미켈란젤로의 〈피에타〉, 위키미디어 코먼스

119쪽, 낙태죄 폐지 촉구 시위, 연합뉴스

121쪽, 스쿨미투 시위, 연합뉴스

124쪽, 2016년 강남역 살인 사건 추모 공간, 연합뉴스